W0188637

Rolf-Bernhard Essig
Wie die Kuh aufs Eis kam

Rolf-Bernhard Essig

Wie die Kuh aufs Eis kam

*Wundersames aus der Welt
der Worte*

kiepenheuer

AUFBAU VERLAGSGRUPPE

ISBN 978-3-378-01088-8

Gustav Kiepenheuer ist eine Marke der
Aufbau Verlagsgruppe GmbH

1. Auflage 2007
© Aufbau Verlagsgruppe GmbH, Berlin 2007
Einbandgestaltung Henkel/Lemme
unter Verwendung einer Illustration von Michael Sowa
Druck und Binden GGP Media GmbH, Pößneck
Printed in Germany

www.gustav-kiepenheuer-verlag.de

INHALT

Vorwort 11

I. HERZFLIMMERN

Tausend Worte für ein Gefühl 15
Frauentrost aus Männermund 17
Trostlieder gegen Liebeskummer 19
Bauchgefühle 19
Für unglücklich Verliebte 21
Der rettende Schimmel 22
Große Liebeslieder 23
Verkehrte Welten 23
Die gnädige Bemäntlerin 26
Die liebe Politik 26
Für Verliebte 27
Die vermisste Hälfte 27
Lebe, lache, liebe! 29
Die Schönheit im Auge 30

II. DURCHHALTEPAROLEN UND TROSTPFLASTER

In Rauch aufgegangen 31
Am Boden zerstört 31
Durchhalteparolen 33
Abwehrzauber 33
Schlimmer als der Galgen 34
Tröstliche Wendungen 36
Die Tücken des Quecksilbers 36
Gut ist nicht gut genug 37
Mal so, mal so 38
Berliner Schnauze 38

Nicht den Faden verlieren 39
Gar nicht bitter 40

III. Schöner Reden

Wie man Wortfallen vermeidet 42
Vorspiegelung falscher Tatsachen 43
Bestellter Jubel 45
Tücken und Triumphe des Volksmunds 46
Dem Leben auf der Spur 47
Auf den Punkt gebracht 48
Die Farben der Lüge 49
Der Duft der Worte 51
Redevergnügen 51
Auf der Bühne geht's rund 53
Das Leben ist ein Drama 54
Liegen lernen 54
Zu schön, um wahr zu sein 56
Legendäre Filmzitate und Filmtitel 57
Sprachhelfer 58
Unheimliche Schachzüge 58
Die geflügelte Lüge 60

IV. Haben, Nichthaben, Guthaben

Sand im Getriebe des Kapitalismus 61
Der geistige Zustand der Wirtschaftsführer ist mehr
    als optimal 62
Sprachführer Wirtschaftsdeutsch 63
Flüssiges Gold 63
Blitzsauber 64
Das liebe Geld 64
Ein irisches Embargo 65
Wann wirkt die Währungsumstellung? 66
Wie sich die Werbung in der Sprache breitmacht 67

Endlich schuldenfrei 67
Feuriger Rauswurf 68
Eine kurze Geschichte der Erdnüsse 69

V. PLEITEN, PECH UND PANNEN

Am Scheideweg 71
Der Fußwächter 72
Gesellschaft mit beschränkter Einsicht 74
Ende gut, alles gut – Versöhnungshilfen 75
Wenn mal wieder alles schiefgeht 76
Murphys Nachfahren 77
Mein lieber Mann! 77
Verbale Katastrophen 78
Aufgehalste Strafen 80
Für Streithähne 81
Der rauchende Teufel 81
Auf den Hund gekommen 82

VI. SCHÖNE NEUE WELTEN

Viele neue Wörter, wenig neue Sprichwörter 84
Der Mensch als Maschine 86
Die Geschichte vom Pferd 88
Technisch-elektronische Redewendungen 90
Mister Grün 90
Vom Überleben der Technik in der Redensart 91
Flipper ist unser bester Freund 92
Unangenehme Sitzplätze 94
Von Erfolgen und Misserfolgen 94
Gas geben 96
Volles Rohr 97
»Warum in die Ferne schweifen, wenn das Gute liegt
    so nah?« 98
Cut 99

VII. Freunde, Feinde, Familie

Ein besonderes Familienerbe 100

Brüderliche Aufsicht 101

Wer viel fragt, kommt darin um 102

Eisen fressen 104

Schluss mit schließen? 104

Eine Art Baumschule 105

Das kommt davon 107

Der doppelte Leichnam 107

Verschwiegene Gemeinschaften 109

Heiliger Strohsack 111

Märchenhafter Fluch 111

Der beste Freund des Menschen 112

Rabiate Freundeshilfe 113

VIII. Von den Schlachtfeldern

Der tägliche Sprachkrieg 115

Die tödliche Linie 116

Der Vater aller Dinge 117

Von der Weisheit zur Knarre 118

Unauffällige Militaria 119

Die Geschichte vom alten Soldaten 120

Hymnisches 121

Der Nullpunkt 123

Ein weiter Weg 124

Debakel oder Triumph? 126

Nicht zu knacken 127

Harte Kerle 128

Aus dem Tempel in den Schulhof 129

Kriegerische Wendungen 130

Wendungen, die mir nicht gefallen wollen 131

IX. WELT DER WORTE

Sprüche machen menschlich 132

Noch mehr Terminator-Sprüche 133

Unheimlich viel 133

Nur vier Buchstaben 134

Klare Worte 135

Volksvorurteile 137

Das Europa der Sprüche 138

Kleinasiatisches 138

Ex oriente lux 139

Andere Völker, andere Wörter 141

Das Gras auf der anderen Seite des Zaunes 141

X. BAUKASTEN FÜR NEUE WORTE

Einfache Bauanleitungen 145

Antisprichwörter 147

Register 148

Über den Autor 160

Sprichwörter sind wie Schmetterlinge.
Einige werden gefangen, andere flattern fort.

VORWORT

Im Anfang war das Wort. Die Bibel
Jedem Anfang wohnt ein Zauber inne. Hermann Hesse
... fang endlich an! William Shakespeare

Meine Aufmerksamkeit für die wundersame Welt der Worte er-
wachte, als ich mich in ihr zum ersten Mal wie eine Kuh auf dem
Eis fühlte: hilflos, albern, sehr unglücklich und definitiv am falschen Platz. Es hing mit der Wirbelsäule zusammen. Was mir bei
Gratwanderung nie passiert wäre, geschah beim Schreiben des
vermeintlichen »Rückrads«. Irritiert schaute ich das Wort an. Das
Wort schaute mich an. Wir kannten uns nicht. In meiner Verwirrung griff ich zum Wörterbuch und erschrak: Als *Rückgrat* entwickelte der tausendmal gebrauchte und gehörte Begriff auf einmal eine neue Bedeutung.

Hatte ich mir in diesem Fall nie ein Bild zum Wort vorgestellt,
führte mich in einem zweiten peinlichen Fall ein inneres Bild auf
die falsche Spur: Schon als kleines Kind hatte ich, wann immer jemand *Schwamm drüber* sagte, vor meinem inneren Auge einen
kleinen Schwimmer gesehen, der munter über die Sorgen und
Probleme schwamm, die man vergessen wollte. Bis ich etwa
zwanzig war. Ich musste an der Uni etwas an der Tafel erklären
und sie vorher abwischen. Mit einem Schwamm. Irgendjemand
witzelte: »Schwamm drüber!« Erst da fiel es mir wie Schuppen
von den Augen: Was für ein Brett hatte ich vor dem Kopf gehabt!

Man könnte so etwas mit Axel Hackes Buch über das »Ver-
hören« den »Wumbaba-Effekt« nennen: Sehr viele Menschen
verstehen immer einmal wieder Liedtexte oder eben auch Worte
und ihre Geschichte falsch. Manchmal wundern sie sich, meist
aber nicht. Dabei ergibt das Missverstandene meist nur einen
sehr seltsamen oder gar keinen Sinn.

11

Seit meinem eigenen Missverstehen ist mir jedenfalls klar: Wir wandern täglich im Gebiet der Sprache, und doch gehen wir durch ein unbekanntes Land. Weil wir mit unseren Wörtern meistens trotzdem erreichen, was wir möchten, ist das auch nicht weiter schlimm. Wir bemerken unsere Orientierungslosigkeit und Unwissenheit nicht einmal. Erst wenn wir *nur noch Bahnhof verstehen*, *null Peilung*, *keine Checkung* und *eine lange Leitung haben*, wenn wir *auf dem Schlauch stehen*, *einen Festplattencrash haben*, dann heißt es: *Ende im Gelände, nix capito.* Dann ist es wieder da, das Kuh-auf-dem-Eis-Gefühl. Die Hufe finden keinen rechten Halt, und die Helfer auch nicht, um das Tier vom Eis zu bringen. Kein Wunder, dass diese Situation sprichwörtlich wurde. Doch wie kriegt man sich – und die arme Kuh – wieder herunter vom Glatteis der Sprache?

Am besten mit Schlittschuhen. Und Spaß. Schließlich gilt: *Wenn's dem Esel zu wohl wird, dann geht er aufs Eis.* Was dem übermütigen Tier dort geschieht, hängt von seiner Geschicklichkeit ab. Es ist der Unterschied zwischen Ausgleiten und Dahingleiten.

Darum soll sich alles in diesem Buch drehen: um die Freude an Redensarten, Sprichwörtern und Sprache überhaupt. Die Würze, das Salz in der Suppe der Rede wurden stehende Wendungen schon oft genannt, aber man kann sich mit ihnen die eigene Buchstabensuppe auch leicht versalzen. Wer kennt schon, Hand aufs Herz, immer die Herkunft, Bedeutung, korrekte Form und Anwendung von Sprichwörtern und Redensarten? Wer einmal begonnen hat, sich über Kühe auf dem Eis zu wundern, dem wird rasch klar: *Zum Missverstehen braucht's nichts als Worte* (übrigens ein Lieblingssprichwort von mir, das ich mit Hilfe von Kleist erfunden habe).

Dieses Buch erklärt nicht nur alte Weisheiten, es präsentiert vor allem Wundersames aus der heutigen Welt der Worte, wie sie die Werbung, die populäre Musik, der Film oder die zeitgenössische Literatur geprägt haben. Es erzählt von kuriosen Wortkarrieren und den manchmal unglaublichen Geschichten, die sich hinter den Wendungen unserer Rede verbergen. Und zu guter Letzt will es anregen, sich selbst als Sprichwort- oder Redensartenschmied zu betätigen – denn schließlich hat jemand auch all die anderen in die Welt gesetzt, vor 2000, siebzig oder zwölf Jahren.

PS: Sprichwörter und Redensarten unterscheiden sich, können einander aber beeinflussen oder ineinander übergehen. Ein Sprichwort ist ein kurzer Satz in Vers oder Prosa, dessen Urheber unbekannt ist. Es bietet eine praktische Regel an oder fordert deren Befolgung, zudem dient es häufig als Bestätigung und Bestärkung, auch wenn die Aussagen einzelner Sprichwörter oft widersprüchlich sind. Sie sind zugespitzt formuliert, manchmal auch gereimt. *Ein Mann, ein Wort. Sich regen bringt Segen!* Die Kürze und Würze teilen sie mit der Werbung. Klar, dass mancher Werbeslogan den Sprung in den Sprichwortschatz geschafft hat.

Redensarten dagegen sind bildhafte Formulierungen, die formelhaft feststehende Wendungen wurden, wie *Schwein haben* oder *auf dem Damm sein*. Sie transportieren keine allgemeingültige Erkenntnis oder Lehre, sondern sind meist nur Satzteile, quasi Textbausteine und wörtlich genommen in der Regel unverständlich. Das macht sich besonders bemerkbar, wenn man mit Ausländern zu tun hat: Meine Freundin Lia aus Italien war vollkommen verwirrt, als ich sie fragte, ob ihr *eine Laus über die Leber gelaufen sei*. Sie überlegte verzweifelt, warum ihr Ungeziefer im Bauch herumkrabbeln sollte.

Eine besondere Form sind schließlich die »Geflügelten Worte«, benannt nach einer Wendung Homers. Das Buch Georg Büchmanns, das unter diesem Titel bekannte Zitate und Aussprüche versammelte, wurde so erfolgreich, dass es selbst redensartlich wurde. Heute ersetzen oft Zitate aus Film, Fernsehen und Werbung die alten Sprichwörter.

I. HERZFLIMMERN

Was Prügel sind, das weiß man schon, was aber die
Liebe ist, das hat noch keiner herausgebracht.

Heinrich Heine

Tausend Worte für ein Gefühl

Wen es trifft, der steht in Flammen, obwohl ihm kalte Schauer
den Rücken hinunterlaufen, der fühlt sich gleichzeitig krank
und pudelwohl, der ist ängstlich und mutig, glücklich und unglücklich, schüchtern und draufgängerisch. Gerade trällert man
noch *All you need is love*, kurze Zeit später wimmert man schon
I'm through with love oder *Love is a battlefield*. Am Ende droht
man dann: *You need another lover like you need a hole in your
head.*

Neuerdings *fallen* Menschen ja auch – den Engländern abge-
lauscht – »in Liebe« und später dann *aus allen Wolken*. Eine
schöne Erweiterung unserer Sprache, schließlich lässt einen die
Liebe schweben oder *den Boden unter den Füßen verlieren*, und
eine Falle ist sie manchmal auch. In der Strauß'schen Operette
singt man begeistert: *Die Liebe ist eine Himmelsmacht.* Dennoch
wünschen viele sie zum Teufel, besonders dann, wenn der oder
die Angehimmelte einen in die Wüste oder, nach einem alten
Schlagersänger, gleich in die Hölle schickt: *Das ist Wahnsinn, du
spielst mit meinen Gefühlen …*

Selten hilft, wenn die Liebe quält, das Blumenorakel weiter: *Er
liebt mich, er liebt mich nicht.* Aber trösten, aufheitern und auf
schönere Gedanken bringen kann es schon, genau wie Tausende
Sprichwörter und Redensarten, die von der Liebe handeln. Für
jeden Anlass, für jede Spielart und Phase der Liebe gibt es sie,

was zugleich erklärt, weshalb sie einander so oft widersprechen: *Liebe und Ringe sind endlose Dinge. – Liebe ist ein Ring, und Ringe bilden Ketten. – Liebe fängt mit Ringen an und hört mit Messern auf.*

Für die Liebe wie für die Sprichwörter und Redensarten gilt: *Jeder Topf findet seinen Deckel.* Jeder Mensch sucht sich das Passende aus und lässt das Übrige links liegen. Ein glückliches Ehepaar, seit Sandkistenzeiten verliebt, seufzt sich zur Goldenen Hochzeit ein zufriedenes *früh gefreit, ist nie gereut* zu. Wären sie all die Jahre unglücklich gewesen, stöhnten sie – mit Friedrich Schiller – verzweifelt, vor allem aber zu spät: *Drum prüfe, wer sich ewig bindet.* Vor dem Scheidungsanwalt bedauerten sie dann all die *vergebliche Liebesmüh.* Vielleicht hätten sie öfter kuscheln und ihre Liebesschiffe nicht *auf* einem *Konfrontationskurs* halten, sondern lieber *einen Schmusekurs fahren* sollen. Das alte, schon biblische Bild vom Leben als Schiffsreise stand für diese Ausdrücke Pate.

Nun gibt es ja neben der Liebe auch noch den Sex; im besten Falle beides. Sprachlich ist Sex allerdings ein Trauerspiel: Die einen reden davon in mehr oder weniger ordinären Ausdrücken, die sich dauernd wandeln, meist aus der männlichen Perspektive gebildet sind und eher verklemmte Unsicherheit als lockeren Umgang beweisen. Da gibt es: knallen, bumsen, stempeln, poppen, nageln, ficken, einlochen, pudern, stopfen … Im Vergleich zu diesen eher technisch-ruppigen Vokabeln für das alte Reinrausspiel klingt *vögeln* fast schon romantisch, obwohl Hähne und Konsorten kaum als phantasievolle Liebhaber gelten. Die anderen benutzen eher lusttötende medizinische Vokabeln: Klitoris, Penis, Penetration, Vagina, Cunnilingus, Fellatio, Masturbation. Und auch die verhüllenden oder juristischen Begriffe, mit denen sich manche aus der Affäre ziehen wollen, machen nun wirklich niemanden an: Beischlaf, das Bett teilen, jemandem beiwohnen, der Verkehr … Immerhin poetisch klingen ein paar altertümliche, fast vergessene Wörter: So hob früher der *Hemdenspreizer* das Nachthemd eines Mannes, wenn er das buschige *Paradiesgärtlein* seiner Geliebten sah, und in der Bibel umschrieb die Formel *jemanden erkennen* die fleischliche Liebe. Unübertroffen sind jedoch – ob beim Sex oder in der Liebe – die ganz eigenen Worte, die Privatsprache der Liebenden: Goethe benutzte beispielsweise in Briefen an seine Frau das Wort *Herr Schönfuß* für sein bestes Stück.

> *Sie steckten in der Liebe wie die Fliegen im Quark.*
> Karl May

Frauentrost aus Männermund

Kingston, Jamaika: Im Armenviertel Trenchtown hat kaum jemand Hoffnung auf ein besseres Leben. Rivalisierende Jugendbanden und Gewalt prägen den Alltag auf den Straßen. Hierher hat es den jungen Robert Nesta Marley mit seiner Mutter verschlagen. Der Jugendliche ist Schwierigkeiten gewöhnt – wurde er doch als Sohn einer schwarzen Mutter und eines weißen Vaters, der das Weite gesucht hat, geboren und leidet damit unter einem doppelten Rassismus: Den einen ist er zu farbig, den anderen zu weiß. Lange Zeit treibt er sich herum, leidet sogar Hunger, bis ihm die Musik den Weg in eine andere Welt weist: Mit seinem Freund Bunny Livingston und Peter Tosh gründet er eine Ska-Band, die als »The Wailing Wailers« schon bald erfolgreich wird. Die Musik führt ihn auch mit seiner großen Liebe zusammen: Am 10. Februar 1966 heiratet er die Sängerin Rita Anderson.

Acht Jahre später hat es Bob Marley dank seiner Musik zu Wohlstand, ja zu einem Leben im Luxus gebracht. Er ist der Star des Reggae und hat weltweit Erfolg – nicht zuletzt bei den Frauen, womit er seine Frau zur Verzweiflung treibt. Während der Ehe mit Rita zeugt er mindestens fünf uneheliche Kinder. Wütend und verzweifelt ist sie über die Selbstverständlichkeit, mit der ihr Mann sie betrügt.

Um sie zu trösten, schreibt Marley 1974 einen Song, der sie an die Jahre in Armut, die dennoch voller Hoffnung waren, erinnern soll. Gleichzeitig versteht er ihn als eine Art Liebesbeweis für die wichtigste Frau in seinem Leben. Geradezu beschwörend singt er immer wieder: »Ev'rything's gonna be alright«. Es wird Bob Marleys berühmtestes Lied, bis heute häufig gecovert: »No Woman, No Cry«.

Sprichwörtlich wurde der Titel des Songs, allerdings in einer ins Gegenteil verkehrten Bedeutung: »keine Frau, keine Heulerei« oder »keine Frau, kein Geschrei«. Dabei ist *no woman, no cry* ja eine tröstliche Aufforderung, die man mit Ausrufezeichen schreiben müsste: »Nein, Frau, weine nicht!« Schließlich wird in dem Lied später aufgefordert, keine Tränen mehr zu vergießen: »Little darlin', don't shed no tears«. Doch entweder führte der jamaikanische Slang des Titelrefrains in die Irre, der die korrekte Form »don't« abwandelt. Oder der Songtitel wurde im Sinne des weitaus älteren, auch in Deutschland gebräuchlichen Sprichworts *cherchez la femme*, »suche die Frau«, verstanden, bei dem davon ausgegangen wird, dass hinter jedem Ärgernis eine Frau stecken müsse. Über die Jahrhunderte hinweg waren sich die Chauvis in diesem Punkt erstaunlich einig – findet sich doch schon in den »Satiren« des römischen Autors Juvenal (47–113 n. Chr.) der Spruch: »Nulla fere causa est in qua non femina litem moverit«, *Kaum gibt es einen Gerichtsfall, in dem nicht ein Weib zum Streit bewegt hätte.* Und da sollen Frauen nicht weinen?

Trostlieder gegen Liebeskummer

1. Für mich immer noch das kraftvollste, beste: »Je ne regrette rien« *Edith Piaf*
2. »Beim ersten Mal, da tut's noch weh« *Hans Albers u. a.*
3. »Nur nicht aus Liebe weinen!« *Zarah Leander.* Weiter singt sie: »Es gibt auf Erden nicht nur den einen! Es gibt so viele auf dieser Welt. Ich liebe jeden, der mir gefällt.«
4. »Die Liebe ist ein seltsames Spiel« *Connie Francis*
5. »Et moi dans mon coin« *Charles Aznavour*
6. »Total Eclipse Of The Heart« *Bonnie Tyler*
7. »If You Leave Me Now You'll Take Away The Biggest Part Of Me« *Chicago*
8. Die unübertroffen kämpferische Antwort auf jeden Herzensbrecher (nur im Original): »I Will Survive« *Gloria Gaynor*
9. Wunderbar zum heilsamen Weinen: »There's A Place For Us« *Leonard Bernstein*
10. Unübertroffen schnoddrig singt *Marlene Dietrich* den Operettenschlager von Hugo Hirsch: »Wer wird denn weinen, wenn man auseinandergeht, wenn an der nächsten Ecke schon ein andrer steht? Man sagt ›Auf Wiedersehen‹ und denkt sich heimlich bloß, ›Na endlich bin ich mal wieder ein Verhältnis los‹.«

Bauchgefühle

Schon bevor es zum Sex kommt, sogar ganz ohne ihn, hat die Liebe eine körperliche Seite. Wie ein Blitz schlägt sie ein, und das hat Folgen: Hitzewellen, Schweißausbrüche, Herzrasen, fliegender Atem, Zittern, weiche Knie, Schwindel, seliges, dümmliches Lächeln oder erstarrte Gesichtszüge, niedergeschlagene Augen,

Erröten, manchmal gar ein Fluchtreflex oder ein Loch im Bauch. Das ging Adam, als er Eva sah, nicht anders als heute Kevin bei Kristina. Für dieses Ausnahmegefühl der Verliebtheit suchten Dichter immer wieder nach Worten.

1908 erfand die amerikanische Autorin Florence Converse (1871–1967) in ihrem Roman »House of Prayer« den schönen Ausdruck »butterflies in the stomach«, *Schmetterlinge im Bauch*, der sich erst in Amerika und bald in der ganzen englischsprachigen Welt durchsetzte. Er beschreibt anschaulich die körperlichen Zeichen der Verliebtheit – was ja zunächst einmal eine Stresssituation bedeutet, nur eben eine angenehme. Es ist eine unwillkürliche Reaktion, die weitgehend vom vegetativen Nervensystem gesteuert wird. Und das hängt weniger vom Hirn als von unserem »Darmhirn« ab: einer eigenständigen, extrem wichtigen Schaltzentrale für unseren Körper, deren Nervengeflecht sich vor allem im Magen und im Darm ausbreitet. Ursprünglich diente es uns dazu, in Flucht- oder Kampfsituationen schnell und instinktiv handeln zu können. Es half, das Blut aus dem Bauchraum in die Muskeln zu pumpen, und versetzte den Körper in größte Anspannung. Heute spielt das »Darmhirn« vor allem für unsere Gefühlswelt eine Rolle, was Dutzende Sprichwörter und Redensarten beweisen: *Schiss haben, ein flaues Gefühl im Magen haben, das ist mir auf den Magen geschlagen* und natürlich das berühmte *Bauchgefühl*, das uns erlaubt, *etwas aus dem Bauch heraus zu entscheiden*, also nicht nach Vernunftregeln, sondern instinktiv.

Auf die Schmetterlingsidee kam Florence Converse wohl, weil das entsprechende flaue Gefühl im Englischen »flutter«, wie »flattern«, heißt. Das Liebeskribbeln im Bauch mit Schmetterlingen zu vergleichen, den flatterhaftesten Tieren überhaupt, leuchtete jedem ein. Bei uns setzte sich der Ausdruck erst lange nach dem Zweiten Weltkrieg durch, dann allerdings mit großem Erfolg.

Einen seltsamen Bedeutungswandel durchlebten die Schmetterlinge 1984, als Herbert Grönemeyer das gewagte Bild der *Flugzeuge im Bauch* prägte. Vom angenehmen Flattern, von der zarten Schönheit der bunten Tiere ist in dem Lied nichts mehr übrig, sie haben sich mit der enttäuschten Liebe – »alles tut weh«, »ich will deine Liebe nicht« – in etwas Technisches, Riesiges, Unerträgliches verwandelt: Flugzeuge.

Während Grönemeyers Flugzeugbauchbild lange nur den unglücklich Verliebten diente, machten sich in den letzten Jahren zunehmend glückliche Liebende die Wendung zu eigen; frei nach dem Motto »bigger is better« hört man heute also auch: »Ich hab nicht nur Schmetterlinge, ich hab Flugzeuge in meinem Bauch!« In seiner englischen Version übersetzte Grönemeyer das Lied übrigens mit »Airplanes In My Head«.

Für unglücklich Verliebte:

1. »Weinen heißt, die Augen waschen.«
2. »Auf Tränen fährt man zu neuem Glück.«
3. »Beim nächsten Mann wird alles anders.« (*Eva Hellers* Romantitel hat sich inzwischen vom Zitat über das Geflügelte Wort zu einem eigenständigen Sprichwort gemausert.)
4. »Liebe ist immer eine Art Wahnsinn, mehr oder minder schön.« *Heinrich Heine*
5. »Liebe vertreibt die Zeit, und Zeit vertreibt die Liebe.«
6. Ländliche Wahrheit, unübertroffen drastisch: »Die Liebe ist wie der Tau. Sie fällt auf Rosen und Kuhfladen.«
7. Schon die alten Byzantiner wussten: »In der Liebe ist es besser, zu bedauern, was man getan hat, als zu bedauern, was man nicht getan hat.«
8. »Die Liebe macht kluge Leute zu Narren.«
9. »Liebe ist wie Krieg: leicht zu beginnen, schwer zu beenden und nie zu vergessen.«
10. »Gegen die Liebe ist kein Kraut gewachsen.«

Der rettende Schimmel

1929 stellt die UFA dem Regisseur Josef von Sternberg die unglaubliche Summe von einer Million Reichsmark zur Verfügung. Er soll den Roman »Professor Unrat« von Heinrich Mann verfilmen. Von Anfang an geht viel schief, trotzdem strahlt ein Glücksstern über dem Projekt: Marlene Dietrich. Unbekannt ist sie nicht mehr, aber erst mit der Rolle der Lola öffnen sich für die Deutsche die Türen nach Amerika: Marlene Dietrich wird zum Weltstar.

Das liegt nur zum Teil an ihrer unwiderstehlichen Ausstrahlung. Auch die frechen Songs, die ihr Friedrich Hollaender schreibt, tragen dazu bei, sie unvergesslich in Szene zu setzen. Das Genie am Klavier hat schon einiges für den Film komponiert, was ihm aber jetzt noch fehlt, ist eine richtige Schnulze, ein Liebeslied mit allem Drum und Dran. Zwar fällt ihm eine Melodie ein, doch der Text – Fehlanzeige! Was tun? In Komponistenkreisen kennt man das Problem und eine Lösung dafür: den *Schimmel*. Der Schimmel steht für eine Folge mehr oder weniger sinnloser Wörter, mit der man sich mangels eines richtigen Textes für die Melodie behilft. Hollaender notiert alles, was ihm zum Thema Liebe durchs Hirn rauscht, und hofft auf spätere Muße für die passenden Verse.

Am nächsten Tag stehen alle erwartungsvoll um ihn herum: Regisseur Josef von Sternberg, Hauptdarstellerin Dietrich, ihr Partner Emil Jannings, Produzent Erich Pommer, Drehbuchautor Carl Zuckmayer, Autor Heinrich Mann. Hollaender entschuldigt sich, nicht mehr als einen Schimmel bieten zu können, und beginnt zu singen: »Ich bin von Kopf bis Fuß / auf Liebe eingestellt, / denn das ist meine Welt / und sonst gar nichts. / Das ist, was soll ich machen / meine Natur. / Ich kann halt lieben nur, / und sonst gar nichts. / Männer umschwirr'n mich / wie Motten um das Licht. / Und wenn sie verbrennen / ja dafür kann ich nicht.« Sein Publikum reagiert begeistert auf das Wort-sammelsurium – dass er nur einen Schimmel gespielt hat, will niemand hören!

So wird aus einer Notlösung eines der berühmtesten Liebes-lieder der Welt.

Große Liebeslieder

1. »Kann denn Liebe Sünde sein?« *Zarah Leander*
2. »Tausendmal berührt, tausendmal ist nichts passiert. Tausendundeine Nacht und es hat Zoom gemacht.« *Klaus Lage*
3. »Verliebt, verlobt, verheiratet« *Conny Froboess & Peter Alexander*
4. »All You Need Is Love« *The Beatles*
5. »I Will Always Love You« *Whitney Houston*
6. »You Are The Sunshine Of My Life« *Stevie Wonder*
7. »Weil ich dich liebe, noch immer mehr und mehr« *Marius Müller Westernhagen*
8. »Lovesong« *The Cure*
9. »I Walk The Line« *Johnny Cash*
10. »Er gehört zu mir« *Marianne Rosenberg*

Verkehrte Welten

Meine Freundin Petra kam neulich mit einem auffälligen T-Shirt zu einer Verabredung. Das lag nicht an der Farbe (schwarz), son-dern an der giftgrünen Aufschrift: *Zickenalarm!*

Die Lust an der Umkehrung wie die Gier nach dem originel-len Wortspiel und der Tabuverletzung sind ungebrochen: ob auf Bildschirmschonern, Kleidung, Tassen oder Postkarten. Auf dem kugelbauchprallen T-Shirt eines Mannes sah ich vor kurzem den Satz prangen: »Schade, dass man Bier nicht ficken kann.«

Abseits der Hochsprache, beim Schimpfen und im Ordinären, in Randgruppen und im Straßenjargon entwickelt sich stets Neues. Dazu gehört die positive Umdeutung, ja fröhliche Aneignung von Schimpfworten: nach wie vor die beste Methode, ihnen die Spitze zu nehmen. Denn natürlich signalisiert Petra mit ihrem T-Shirt nicht: »Achtung, hier kommt eine dumme Ziege!« Sie und viele andere angeblich zickige Frauen erkennen in der abfälligen Bemerkung eine Art unfreiwilliges Lob. Was Männer für zickig halten, interpretieren manche Frauen als Besonderheit, Eigenständigkeit und Selbstbewusstsein. Wenn sieben Mädchen in ein Café einfallen und fröhlich »Zickenalarm!« schreien, dann kann man das Schimpfwort vergessen. Und das hat Methode: Längst sind Bücher auf dem Markt wie »Schlampenyoga«, »Sag Luder zu mir« und »Der Zicken-Knigge«.

Die *Proletarier* haben sich das Prinzip der Umwertung vielleicht als Erste zunutze gemacht: Im alten Rom nannte man die Unterschicht abfällig »proles«, das Wort für »Nachkommen«, da diese Menschen außer ihren Kindern nichts besaßen. Im 19. Jahrhundert diente der Begriff als Schimpfwort der Bürger für die neue Klasse der Industriearbeiter. Der Kommunismus machte daraus erst ein Fachwort und schließlich einen Kampf- und Ehrentitel: »Proletarier aller Länder, vereinigt euch!« Wo sie die Macht errangen, hatten Bürgerliche und deren Nachkommen bald nichts mehr zu lachen, hier wurde »bürgerlich« zum Schimpfwort: in Russland übrigens teilweise bis jetzt. In der BRD dagegen war der Ausdruck »Proletarier« praktisch ausgestorben, weil er so kommunistisch klang. Heute, da kaum noch jemand »Arbeiter« oder »Proletarier« genannt werden möchte, ist wieder abschätzig vom *Prolo* die Rede oder vom *Proll*. Mit dem Arbeiter oder seinen vielen Nachkommen hat das nichts mehr zu tun, sondern vor allem mit primitivem Verhalten. Das Schimpfwort meldet sich zurück und nähert sich wieder der antiken Bedeutung an, als verächtliche Bezeichnung für eine gewisse Kulturlosigkeit, die sich auf den ersten Blick meist in geschmackloser Kleidung oder vulgärem Auftreten zeigt.

Die Schwulen machten seit den Siebzigern den Proletariern des 19. Jahrhunderts die kluge Umdeutung nach – schließlich war nicht der Schwule pervers, sondern die Situation, in der er lebte. Also begannen die *warmen Brüder*, die *vom anderen Ufer*, die *Homos*, das abschätzig gemeinte Wort offensiv als Selbstbezeichnung zu verwenden und verunsicherten damit ihre vermeintlich normale Umgebung. Heute benutzen höchstens noch Schulkinder »Schwuli« als Beleidigung; wahrscheinlich oft, ohne zu wissen, was es bedeutet. *Schwul* ist übrigens die ältere Form von »schwül« und kommt vom althochdeutschen »swelan«, hängt mit »schwelen« zusammen und geht wie dies auf Wörter für die Sonnenglut zurück.

Was den Schwulen recht war, war den *Weibern* billig: Sie gründeten fröhlich »Weiberrunden« und »Weiberräte«, werteten *Weibsbild* und *Weibsstück* zu positiven Selbstbezeichnungen um. Schließlich war »Weib« bis ins vorletzte Jahrhundert ein ganz neutraler Begriff, woran heute noch die Bezeichnung *weiblich* erinnert.

In jüngster Zeit wendeten türkischstämmige Jugendliche dann *Kanake* zum Ehrennamen und machten – dank der Schützenhilfe des Autors Feridun Zaimoglus mit seinem Buch »Kanak Sprak« – ihre Sprechweise zur krassen, voll korrekten Mode unter Jugendlichen, sogar unter denen deutscher Herkunft. Ihre Sprechweise vereint auf kreative Weise Elemente der verschiedensten Sprachen und Codes und ist besonders erfolgreich im Hip-Hop. Auf Hawaii bedeutete »kanaka« ursprünglich übrigens einfach nur »Mensch«.

Doch wie auch beim Wort Nigger gilt für Weib, Kanake, Proll, Schlampe und Zicke gleichermaßen: Es macht einen großen Unterschied, wer das Wort in welchem Zusammenhang und in welchem Ton gebraucht.

Die Liebe pflanzen ist nie genug, man muss sie auch begießen.

Die gnädige Bemäntlerin

Seit dem Mittelalter ist eine Darstellungsform der Gottesmutter Maria besonders beliebt: Auf Tausenden Gemälden sieht man sie weit überlebensgroß mit einem geöffneten blauen Mantel, den sie schützend über Stadt, Land und Leute breitet. So kam es zum Ausdruck *den Mantel der Liebe über etwas breiten*. Schon davor gab es die Redensart *etwas bemänteln*, also gleichsam unter einem Mantel verbergen. Marias Schutzmantel deckte jedoch auch liebevoll zu, was die Menschen an Fehlern und Vergehen begingen; jedenfalls bei den reuigen Sündern. Wer also jemandem etwas verzeiht und die Sache nicht weiter erwähnt, der breitet den Mantel der Liebe darüber.

Beim Liebesspiel ist es wie beim Autofahren: Die Frauen mögen die Umleitung, die Männer die Abkürzung.

Jeanne Moreau

Die liebe Politik

Wahrscheinlich war es 1965, als die Wahlstrategen der CDU/CSU, vielleicht sogar Franz Josef Strauß selbst, sich die platte Parole ausdachten: »Rot ist gut für die Liebe, nicht für die Zukunft.« Der angegriffene Willy Brandt konterte eher einfältig: »Rot ist gut für die Liebe, und wenn es für die Liebe gut ist, ist es das auch für die Politik.« Angesichts der unsterblichen Dumpfheit politischer Werbespruchklopfer kann man – bei aller Liebe – nur noch *rot sehen*.

Für Verliebte:

1. »Die Liebe höret nimmer auf.« *1. Korinther 13*
2. »Im Krieg und in der Liebe ist alles erlaubt.«
3. »Die Liebe braucht keinen Lehrer.«
4. »Liebe spricht, wenn auch die Lippen schweigen.«
5. »Wenn man die Liebe zur Tür hinaus treibt, so kommt sie zum Fenster wieder herein.«
6. »Liebende brauchen keinen Kalender.«
7. »Ein Liebesblick ist ein langer Text.«
8. »Die Liebe ist blind, doch unüberwindlich.«
9. »Was sich liebt, das neckt sich.«
10. »Echte Liebe zündet Wasser an.«

Die vermisste Hälfte

Den Göttervater Zeus plagten Sorgen: Es war ja eine gute Idee gewesen, die Menschen in drei Geschlechtern zu schaffen, dem weiblichen, dem männlichen und dem mannweiblichen. Auch die Sache mit der Kugelgestalt hatte in der Planungsphase noch allen Göttergeschwistern gefallen: Menschen in Kugelform, mit vier Armen, vier Beinen, vier Ohren an einen Kopf mit zwei Gesichtern. Das sah anfangs sehr lustig aus, zumal die neuen Wesen einige Zeit brauchten, bis sie das alles zu koordinieren lernten.

Aber Zeus und den Seinen verging das Lachen bald, denn einmal auf den Trichter gekommen, konnten sich die Menschen blitzschnell fortbewegen auf ihren acht Gliedmaßen, als würden sie dauernd Rad schlagen. Selbst die Geschlechtsmischung irritierte die Kugelwesen nicht, sie gab ihnen vielmehr Kraft und machte sie den Göttern ebenbürtig. Manche von ihnen waren aus Mann und Frau zusammengesetzt, manche aus zwei Frauen, manche aus zwei Männern.

Und sie wurden immer mächtiger. Zeus musste dem ein Ende bereiten, sonst stürmten sie am Ende noch den Olymp. Mit Apollo zusammen hatte er rasch einen Plan ausbaldowert: »divide et impera«, *teile und herrsche*. Gesagt, getan: Sie schnitten die Menschen in zwei Teile, glätteten die Schnittstelle und zogen Haut darüber.

Die Operation war ein voller Erfolg. Alle halben Kugelwesen begannen umherzuirren, Chaos brach aus. Von Stund an suchten die Menschen verzweifelt nach ihrer verlorenen Hälfte, und die Anziehungskraft, die sie zueinander trieb, nannte man *Eros*. Und da wir von den Kugelmenschen abstammen, suchen wir immer noch nach dem einzig richtigen Gegenstück; jeder nach seiner Natur.

Platon hat diese Geschichte in seinem Werk »Das Gastmahl« überliefert. Als Philosoph liebte er das Lehren, und er liebte – wie sein Lehrer Sokrates – seine Schüler. Weil es eine geistige und pädagogische Liebe war, keine körperliche, bildete sich dafür der Begriff *platonische Liebe*, der heute noch für alle Formen nichtsexueller Zuneigung verwendet wird. Etwas Ähnliches war wohl ursprünglich die *lesbische Liebe*, denn das Wort geht zurück auf die griechische Insel Lesbos. Hier schrieb die Dichterin Sappho wundervolle Lieder, darunter auch Gedichte voller Zuneigung an Freundinnen. Gerade männliche Altertumswissenschaftler witterten Unrat und machten Sappho samt ihrer Heimatinsel Lesbos zum Zentrum der antiken Frauenliebe.

Wer nicht mehr liebt und nicht mehr irrt,
Der lasse sich begraben.
Johann Wolfgang Goethe

Lebe, lache, liebe!

Louise ist aus Schottland. Wir kennen uns nur flüchtig. Bei unserem letzten Treffen aber machte sie mich sehr verlegen mit ihrem »Can I help you, *love*?« Die Frage brachte mich mehr aus der Fassung als der vergebliche Versuch, den verklemmten Reißverschluss meiner Jacke in irgendeine Richtung zu bewegen. Wenn sie wenigsten »dear« gesagt hätte! Dann rief sie den Stammkellner noch mit »honey« und seufzte begeistert: »I love your caffè latte!«

Ich kann mich einfach nicht daran gewöhnen. Schon in amerikanischen Serien ertrage ich das dauernde »I love you, dad/mom/cat/dog« nicht. Man kann ja Schuhe, Häuser, Klettverschlüsse, Nagelfeilen und das System der Mülltrennung in Deutschland lieben – aber muss man dauernd davon sprechen?

In der Werbung hat es sich natürlich längst durchgesetzt: »McDonald's, ich liebe es!« Und immer öfter hört man – wie in »make love not war« – den Ausdruck *Liebe machen*. Na gut, das ist auch in Italien (»fare l'amore«) und Frankreich (»faire l'amour«) üblich, wohingegen die alte Redensart *tu mir die Liebe und mach dies oder das* ausgestorben ist. Selbst *sich lieb Kind machen* verwenden nur noch wenige.

Ob der zunehmend inflationäre Gebrauch von »Liebe« und »lieben« für Allerweltssachen auch den Wert der Gefühle verringert? Wahrscheinlich nicht. Das bedeutungslose Süßholzraspeln hindert Louise ja auch nicht daran, Dinge knallhart beim Namen zu nennen. Über zwei Turtelnde am Nebentisch äußerte sie nur: »*Love is the name, fuck is the game.*« Und ihr Lieblingslebensmotto »Live, laugh, love!« klingt auch auf Deutsch beherzigenswert.

Zur Heirat gehört mehr als vier nackte Füße im Bett.
Deutsches Sprichwort

Die Schönheit im Auge

Wahr und tröstlich ist das alte Sprichwort: *Es gibt keine hässliche Geliebten und kein schönes Gefängnis.* Bekannter ist allerdings der Ausdruck *sich jemanden schön saufen*, der heute von beiden Geschlechtern verwendet wird. Und seit der Antike sagt man: *Liebe macht blind.*

Es bleibt die wunderbare Wahrheit, dass liebende Augen immer die Schönheit des oder der Geliebten sehen, egal wie er oder sie »objektiv« (was auch immer das sein soll) aussieht.

Wer immer nur geliebt wird, ist ein Trottel.
Thomas Mann

II. Durchhalteparolen und Trostpflaster

In Rauch aufgegangen

Fröhlich kommt das Zeichentrick-Männchen ins Fernsehbild gelaufen. Diesmal hat es einen Klappstuhl dabei. Offensichtlich will es ausspannen, doch das Aufstellen des Stuhls will und will nicht klappen. Er fällt zusammen, das Männchen klemmt sich die Finger ein, es stolpert, fummelt, werkelt immer wütender, bis es, knallrot angelaufen und schreiend, in wildes Schimpfen ausbricht und im wahrsten Sinne des Wortes *an die Decke geht*: wie eine Rakete! Da ertönt eine ruhig mahnende Stimme aus dem Off: »Wer wird denn gleich *in die Luft gehen!* Greife lieber zur HB, dann geht alles wie von selbst.« Tatsächlich stellt sich der Klappstuhl wie von Zauberhand auf, das Männchen schwebt – HB rauchend – in ihn hinein, endlich zufrieden.

Viele Zeichentrickfilme lang unterhielt das ungeduldig jähzornige HB-Männchen die Fernsehzuschauer in den Sechzigern und Siebzigern bestens. Immer ging bei ihm alles schief, bis die Zigarette erschien und sich die Probleme *in Luft auflösten*.

Die Zigarettenmarke ist heute nicht sehr verbreitet, die Werbung läuft längst nicht mehr, aber noch immer hört man: »Und da ist er in die Luft gegangen wie ein HB-Männchen.«

Don't worry, be happy.
Bobby McFerrin

Am Boden zerstört

Die Midway-Inseln liegen mitten im Pazifik, nordwestlich von Hawaii. Das idyllische Atoll ist im Zweiten Weltkrieg eine Art stationärer Flugzeugträger für die USA. Deshalb schickt Japan eine riesige Kriegsflotte, um die strategisch wichtigen Inseln zu erobern. Doch es gelingt den Amerikanern, einen japanischen Funkspruch aufzufangen, der ihren Plan verrät. Die Zeit ist knapp, um eine Gegenstrategie zu entwickeln. Das größte Problem ist, die Flugzeuge zu schützen, ohne die man die Insel nicht verteidigen kann.

Schließlich setzen die Amerikaner alles auf eine Karte: Sie beobachten die gegnerischen Flotte, und als von den Flugzeugträgern eine wahre Wolke von Bombern zum Angriff aufsteigt, starten ihre Maschinen auf den Midway-Inseln ebenfalls. Während die Japaner dort hauptsächlich Attrappen und einige alte Transporter am Boden zerstören, greifen die amerikanischen Piloten erfolgreich die japanische Flotte an. Kaum ist der Angriff auf die Insel vorüber, schuften alle verfügbaren Kräfte, um die beschädigten Start- und Landebahnen zu reparieren, bevor die eigenen Maschinen zurückkehren. Tatsächlich schaffen sie es. Die Flugzeuge können landen, aufgetankt und wieder ins Gefecht geschickt werden.

Es ist nicht dieser Trick allein, der die Schlacht von Midway zugunsten der Amerikaner entscheidet, doch ohne ihn hätte man sie nicht gewinnen können. Weil die amerikanischen Flugzeuge nicht *am Boden zerstört* werden konnten, fühlten sich schließlich der japanische Admiral und seinen Truppen so. Und weil die Frage, ob Flugzeuge bereits am Boden zerstört werden konnten oder nicht, im Zweiten Weltkrieg immer wieder kriegsentscheidend war, benutzen wir diese Wendung noch heute, wenn etwas schiefgeht oder wir sehr enttäuscht sind.

Durchhalteparolen

1. »Keine Atempause, Geschichte wird gemacht: Es geht voran!« *Fehlfarben*
2. »Noch ist Polen nicht verloren.« *Polnische National-hymne*
3. »Jetzt wird wieder in die Hände gespuckt, wir steigern das Bruttosozialprodukt.« *Geier Sturzflug*
4. »Komm'n wir übern Hund, dann komm'n wir übern Schwanz.«
5. »Aller Anfang ist schwer!«
6. »Aber sonst ist heute wieder alles klar, auf der Andrea Doria.« *Udo Lindenberg*
7. »Wenn ihr wollt, ist es kein Märchen!« *Theodor Herzl*
8. »Keine Panik auf der Titanic!«
9. »Möge die Macht mit dir sein!« *Star Wars*
10. »Haste nie und raste nie, dann haste nie Neurasthenie!«

Abwehrzauber

Wenn wir unserer Freundin Lia wünschen, sie möge auf der Heimfahrt keinen Unfall bauen, dann ballt sie die Hände, streckt ihren kleinen Finger und Zeigefinger aus und richtet sie nach unten. Inzwischen habe ich mir ihre Bewegung auch schon angewöhnt.

Ursprünglich stehen die stilisierten Hörner für den Teufel. Wenn man ihn beschrien oder an die Wand gemalt hat, indem man Unglück erwähnt, dann wendet man dieses mit den abwärts gerichteten Fingern wieder zurück in die Hölle. Natürlich ist es nur ein Spiel mit uralten Gesten, das in der jugendlichen Körpersprache, vor allem in den Codes des Hip-Hop und Heavy Metall, jedoch auf sehr lebendige Weise fortlebt.

Auch im Alltag ist solcher Aberglaube präsent, ohne dass wir es recht merken. Wir *klopfen* dreimal *auf Holz* oder sagen *toi, toi, toi*, wir vermeiden, auf die Fugen von Gehwegplatten zu treten, gehen nicht unter Leitern hindurch oder sprechen ganz bewusst davon, etwas werde sicher schiefgehen, um das Schicksal durch unsere Bescheidenheit zu bestechen. Eine Art Abwehrzauber ist auch der beliebte Wunsch *Hals- und Beinbruch*: Indem man jemandem die Knochenbrüche wünscht, erhofft man das Gegenteil, nämlich dass eben kein Unfall geschehe, der andere also Glück haben möge. Lustigerweise bedeutete das Wort höchstwahrscheinlich ursprünglich genau das: Es liegt ihm wohl der von Generation zu Generation immer mehr verballhornte jiddische Segenswunsch »hazlóche un bróche« zugrunde, der auf hebräische Worte zurückgeht: »hazlacha« heißt »Glück« und »b'racha« »Segen«.

Wenn du Kaviar willst, geh auf Störfang.
Russisches Sprichwort

Schlimmer als der Galgen

Es herrscht Unruhe in der Stadt. Menschen kommen von überall her, sie kennen nur ein Ziel: das Gefängnis Hamburgs. Der englische Reisende John Taylor spricht genug Deutsch, um einen der Aufgeregten zu befragen, was geschehen sei. »Ja, wissen Sie es denn nicht? Er hat die eigene Tochter getötet, mit dem Beil erschlagen in seiner Wut. Heute geht es ihm an den Kragen.« Der Mann reißt sich los und eilt zum Gefängnis, um den Todgeweihten zu begaffen. Die Gelegenheit kommt so schnell nicht wieder, denkt John Taylor sich, zu sehen, wie sie hier auf dem Kontinent ihre Verbrecher zum Tode befördern. Seine Reise kann er auch später fortsetzen, und so erlebt er den 19. August 1616 als Zuschauer eines besonderen Spektakels:

Begleitet von Neugierigen, nähert sich der Verurteilte dem Schafott, einen Geistlichen an seiner Seite, der ihn zur Reue ermahnt. »Aber er torkelt ja!« bemerkt Taylor. »Das ist kein Wunder!«, klärt ihn ein Mann auf. »Mitleidige geben dem Unglücklichen Bier und Wein auf seinem letzten Gang.« Scharfrichter, Gehilfen, Verurteilter ersteigen eine Art Galgenburg, ummauert und mit Zugbrücke versehen. Dann beginnt das grausige Geschäft. Taylor entsetzt der Anblick, und doch fasziniert er ihn, so dass er genau hinsieht und später in seinem Reisetagebuch alles beschreibt: »Vier Männer des Scharfrichters halten den Gefangenen, der rücklings ausgestreckt liegt, an Händen und Füßen. Nun nahm der Erzscharfrichter ein Rad von der Größe eines vorderen Kutschenrades; und nachdem er Wams und Hut abgenommen hatte und im Hemd dastand, als schicke er sich zum Tennisspiel an, ergriff er das Rad, stellte es auf und drehte es mit einer Hand wie einen Kreisel; dann nahm er es bei den Speichen, hob es mit einem gewaltigen Schwung hoch und brach ein Bein des armen Wichts (ich meine die Knochen) entzwei, dass dieser vor Schmerzen aufbrüllte; nach einer Weile zerbricht er das andere Bein auf die nämliche Weise. Danach führte er vier oder fünf wuchtige Schläge auf die Brust, dass der Brustkorb in Stücke zerplatzte; endlich zerquetschte er seinen Hals, doch da er ihn verfehlte, zersplitterten Kinn und Kiefer.«

Taylor bestaunt, wie anschließend aus dem Foltergerät ein Präsentierteller wird: Der Scharfrichter legt den geschundenen Körper auf das Rad und steckt es auf eine hohe Stange. Am Abend wundert er sich noch mehr über die Deutschen, diesmal über ihre Sprache, als er hört, wie einer der erschöpften Stallknechte stöhnt, er *fühle sich wie gerädert* von seinem langen Dienst. Der treibt mit Entsetzen Spott, denkt Taylor. Doch hört er den Ausdruck noch öfter auf seinen Reisen, der offenbar in deutschen Landen beliebt ist, um zu beschreiben, wie erschöpft man sich fühle.

Die grauenhafte Todesstrafe des Räderns, die schon seit der Antike bekannt ist, führte übrigens auch zu dem Wort *radebrechen*. Das tut jemand, wenn er eine Sprache so schlecht spricht, dass er sie grausam entstellt, gleichsam rädert.

Tröstliche Wendungen

1. »Heile, heile Gänschen, / Es ist bald wieder gut, / Das Kätzchen hat ein Schwänzchen, / Es ist bald wieder gut, / Heile, heile Mausespeck, / In hundert Jahr'n ist alles weg.« So sang tröstend die Mutter meiner Lektorin. Meine dagegen: »Heile, heile Segen, morgen gibt es Regen, übermorgen Schnee, tut gar nicht mehr weh!« Gewirkt hat beides.
2. »Den Tapferen hilft das Glück.« *Römisches Sprichwort*
3. »Jeder ist seines Glückes Schmied.«
4. »Solange du atmest, habe Hoffnung.« *Altgriechisches Sprichwort*
5. »Es ist keine Sache so schlecht, dass sich nicht etwas Gutes in ihr finden ließe.«
6. »Das Prinzip Hoffnung.« *Ernst Bloch*
7. »Wenn du denkst, es geht nicht mehr, kommt von irgendwo ein Lichtlein her.«
8. »Es wird überall nur mit Wasser gekocht.«
9. »Rom wurde auch nicht an einem Tag erbaut.« (In China übrigens mit »Peking« und in Russland mit »Moskau« gebräuchlich.)
10. »Ende gut, alles gut!«

Die Tücken des Quecksilbers

Ich hatte keine Lust, in die Schule zu gehen – aus gutem Grund: Eine Klausur in Latein bereitete mir zwar Kopfzerbrechen, doch leider war ich sonst kein bisschen krank. Das einzige, was mich jetzt noch retten könnte, war ein zuverlässiges Symptom, um zu

Hause bleiben zu dürfen: Fieber. Matt gucken konnte ich gut, aber die Quecksilbersäule auf dem Thermometer war unbestechlich. Da kam mir die Idee! Ich nahm das Fieberthermometer aus seiner Schutzhülle und ließ einfach warmes Wasser darüber laufen. Rasch stieg die Silbersäule an, leider zu rasch, denn ehe ich reagieren konnte, zerbrach die Glasspitze, und auf einmal, als wären sie lebendig geworden, rannen, nein rannten Quecksilberkügelchen in der Badewanne dem Ablauf zu. Jetzt hatte ich den Salat: Mit Schule schwänzen war nichts mehr, eine Strafe für das kaputte Fieberthermometer würde es so sicher wie das Amen in der Kirche geben, und das Schlimmste: Ich würde irgendwie erklären müssen, was ich mit dem Thermometer über der Wanne gewollt hatte!

Immerhin verstand ich, warum der Inhalt des Instruments »Quecksilber« hieß, denn das muntere Laufen der Perlen erinnerte mich sehr an das englische Wort »quick« und schien mir *quicklebendig*. Noch im Deutschen des vorletzten Jahrhunderts bedeutete »quick« ebenfalls »lebendig«: Das Wort ist also doppelt gemoppelt. Jeder Gartenbesitzer kennt überdies die Quecke: ein grasähnliches Unkraut, das nach seiner Eigenschaft, unausrottbar und überaus lebendig zu wuchern, benannt ist.

Mut ist sehr oft der Mangel an Einsicht, während Feigheit nicht selten auf guten Informationen beruht.

Peter Ustinov

Gut ist nicht gut genug

Kaum etwas ist so kurzlebig wie die Wörter, die Jugendliche verwenden, um Zustimmung, Erstaunen oder Wertschätzung zu signalisieren. Deshalb gefiel mir die Idee des Autors Thommie Bayer, in seinem Roman »Das Herz ist eine verdammt miese Gegend« (1991) das Fortschreiten der Zeit zwischen 1961 und 1987 mit dem schnellen Wechsel dieser Wörter zu verdeutlichen, sehr gut. Hier die chronologische Liste: »*prima, klasse, dufte, Spitze, Wahnsinn, toll, irre, abgefahren, far out, genehmigt, gebongt, stark, affenstark, bärenstark, saustark, bockstark, heiß, scharf, gierig, geil, affengeil, affentittengeil, turbogeil*«. *Bärenstark* sagten wir in unserer Clique Ende der Siebziger auch, noch öfter *saugut*.

Aufgehört hat dieser Wörterwechsel natürlich nicht, denn immer gibt es etwas ganz Besonderes, das man mit ganz besonderen Wörtern hervorheben möchte. Deshalb hier noch einige weitere aus den Folgejahren bis heute: *zauberhaft, phantastisch, cool, groovy, knorke, krass, (voll)fett, super, heftig, einwandfrei, hammerhart, hammermäßig, heftig, lecker, porno, spacig, hip, korrekt, boa ej, astrein* (das war mal eine Qualitätsbezeichnung für Bretter ohne Astlöcher), *bündig, koma, phat*.

Mal so, mal so:

»Erst wägen, dann wagen!«	»Frisch gewagt ist halb gewonnen.«
»Frechheit siegt!«	»Nicht mit der Tür ins Haus fallen!«
»Je eher daran, desto eher davon.«	»Eile mit Weile.«
»Besser ein Ende mit Schrecken als ein Schrecken ohne Ende.«	»Besser ein lebender Hund als ein toter Löwe.«
»Einmal ist keinmal.«	»Wehret den Anfängen.«

Berliner Schnauze

Friedrich der Große hat ein Faible für Dekoratives: In den 1780er Jahren lässt er am Großen Stern im Berliner Tiergarten überlebensgroße Plastiken antiker Gottheiten wie Diana, Venus oder

Merkur aufstellen. Je mehr Statuen es werden, umso mehr neugierige Berliner schauen vorbei. Die Skulpturen sind schon bald ein beliebtes Ausflugsziel, zumal auch der Park selbst und das neu erbaute Schloss Bellevue locken.

Die Berliner sehen in der Ausgestaltung des Tiergartens eine königliche Spielerei und nennen die mythologischen Statuen darum respektlos »Puppen«, den Gang dahin in unbekümmerter Grammatik *bis in die Puppen*. Von der damaligen Stadt Berlin – heute etwa der Bezirk Mitte – liegen diese Attraktionen ungefähr drei Kilometer entfernt. Weil die sechs Kilometer hin und zurück als bemerkenswert weit gelten, benennt man mit der Redensart bald auch andere größere Strecken.

Schon Anfang des 19. Jahrhunderts verwendet man »bis in die Puppen« nicht mehr nur für eine große Entfernung, sondern für eine lange Zeit, weswegen man heute bis in die Puppen schlafen, tanzen oder feiern kann.

PS: Als Berlin um 1900 so groß wurde, dass Postzustellbezirke nötig wurden, musste man an den Namen der Stadt Zusätze wie »SW« für »Südwesten« anfügen, was vom Berliner schnell zum Ausdruck *jwd* erweitert wurde: »janz weit draußen«.

Nicht den Faden verlieren

In den »Wahlverwandtschaften« beschreibt Goethe, wie die britische Marine ihr kostbares Tauwerk vor Diebstahl schützte: In jedes Seil ließ sie eine »Seele«, so nennt man den Zentralfaden, von roter Farbe einflechten. Die konnte man nicht entfernen, ohne das Seil aufzulösen und damit unbrauchbar zu machen. Jeder Dieb königlicher Taue und Tampen musste also mit Entdeckung rechnen: Man brauchte ja nur nach dem *roten Faden* zu suchen. Goethe erläutert diesen Trick und benutzt den roten Faden gleich als Bild, indem er schreibt: »Ebenso zieht sich durch Ottiliens Tagebuch ein Faden der Neigung und Anhänglichkeit, der alles verbindet und das Ganze bezeichnet.« Und seitdem sucht man in Texten oder Reden den roten Faden; nicht selten vergebens.

Dieses war der erste Streich, doch der
zweite folgt sogleich.

Wilhelm Busch

Gar nicht bitter

Hohe Wellen schlagen an das große Segelschiff. In der Nähe ragen gefährliche Klippen auf. Jetzt heißt es ankern, um nicht an ihnen zu zerschellen. Die Matrosen beeilen sich, den Anker über Bord zu werfen. Das Tau wickeln sie ab, Windung für Windung. Tiefer und tiefer sinkt der Anker. Immer weniger Tau ist noch übrig, da taucht schon das farbige Stoffstück auf. Jetzt sind nur noch wenige Meter, ein paar letzte Windungen übrig. Endlich erschlafft das Tau, der Anker hat Halt gefunden. Das Schiff ist gerettet. »Das war verdammt knapp *am bitteren Ende!*«, stöhnt ein Matrose. Und dabei meint er nicht das Ertrinken.

Natürlich ist das Ende, also der Tod, bitter, und will niemandem so recht schmecken. Auf den Tod führt man deshalb die Redensart vom bitteren Ende zurück, zumal populäre Kirchenlieder und Kompositionen wie Brahms' »O Tod, wie bitter bist du!« zur Verankerung des Ausdrucks im Volksmund beitrugen.

Die Wendung kommt jedoch aus der Seefahrt: Vor Einführung des Ankerspills befestigte man die Ankertaue an massiven Eisenpollern an Deck. Sie wurden im bordüblichen Plattdeutsch – wie übrigens auch im Englischen – »Bitt« genannt. Kurz vor dem Ende des Ankertaus brachte man farbige Stoffstücke an. Kamen sie beim Ankern zum Vorschein, wusste man, dass nicht mehr viel Tau übrig war und der Anker hier wohl keinen Grund finden werde. Den kurzen Tau-Abschnitt zwischen den Stoff-markierungen und den Bitts nannte man »das Bitt-Ende« oder auch das »bittere Ende«. Die Übertragung auf andere Bereiche lag nahe: Hatte man es bis zum bitteren Ende versucht, hatte man wenigstens sein Möglichstes getan.

Gib jedem Tag die Chance, der schönste deines Lebens zu werden.

Mark Twain

III. Schöner reden

Wie man Wortfallen vermeidet

Täglich tausendmal hört oder verwendet man Sprichwörter und Redensarten; mindestens! Da bleiben Fehler, Verwechslungen und seltsame Kombinationen nicht aus. Ganz häufig ist das Phänomen »aus zwei alt mach zwei neu«: So lässt jemand *etwas unter den Teppich fallen* und *kehrt etwas unter den Tisch*, *es geht ihm die Hutschnur hoch* und *es platzt ihm der Hut*, er ist *wieder auf dem Dampfer* oder *auf dem falschen Damm*. Sogar Verlagsangestellte machen aus *um den Bart gehen* und dem gleichbedeutenden *Honig ums Maul schmieren* ein immerhin verständliches *Honig um den Bart schmieren*. Das ist noch besser, als die logische Reihenfolge umzudrehen und zu schreiben *mitgehangen, mitgefangen*, als müsste man nicht jemanden erst einmal mit anderen zusammen erwischt haben, bevor man ihn zusammen mit den anderen aufknüpfen kann. Dann gibt es – gerade in schriftlicher Form – die Beispiele, in denen ähnlich klingende Wörter eingesetzt werden: *einander die* Klingel *in die Hand geben* statt die *Klinke* oder *über die* Strenge *schlagen* statt über die *Stränge*; schließlich kommt der Ausdruck von den Pferden im Zuggeschirr, die übermütig werden.

Ganz schnell öffnen sich die Pforten ins weite Reich des Nonsens, wenn halb verstandene Redensarten wirr miteinander verknüpft werden: So formulierte ein Freund vor kurzem, »den silbernen Löffel abgeben«, was er aus den beiden Redensarten *den Löffel abgeben* für Sterben (weil man keinen Löffel mehr braucht) und *mit einem silbernen Löffel im Mund geboren worden sein* (also Kind reicher Eltern sein) gebildet hatte. Besonders schön fand ich auch den Ausdruck in einem Buch »die Speerspitze aus dem Köcher ziehen«, der *die Speerspitze einer Bewegung sein* und *noch*

42

Pfeile im Köcher haben verquickte. Offensichtlich verkennen auch die Schreiber der folgenden Sätze, welch grausame Praktiken sie schildern, wenn sie formulieren: »etwas über den Daumen brechen« oder »in offene Wunden wühlen«. Das eine vermengte *Pi mal Daumen* und *etwas übers Knie brechen*, das andere *Salz in die Wunde streuen* und *das ist eine offene Wunde*, vielleicht dachte man auch an den ungläubigen Thomas, der seinen Finger in die Seitenwunde Christi legen wollte.

Einen einfachen Tipp, wie solche Versehen zu vermeiden sind, gab Georg Christoph Lichtenberg schon vor gut zweihundert Jahren. Er empfahl, man solle sich Bilder und Vergleiche sinnlich und wörtlich vorstellen, dann träte der Widersinn gleich zutage: Was könnte man über den Daumen brechen? Zahnstocher vielleicht? Und wer wäre so brutal, in Wunden zu wühlen? In einem Artikel mit Sprachtipps für Journalisten las ich vor einiger Zeit: »Sprache soll sein wie flüssiges Wachs in unseren Händen.« Wem je nur ein Tropfen Wachs auf die Hand fiel, der weiß, dass dieser Satz doppelt schmerzhaften Blödsinn enthält.

Ein Spruch Lichtenbergs lädt förmlich dazu ein, Ausdrücke wörtlich zu nehmen: »›Wie geht's‹, sagte ein Blinder zu einem Lahmen. ›Wie Sie sehen‹, antwortete der Lahme.« Es macht vieles leichter und ist lehrreich, wenn man für das Komische, Witzige und Kuriose sensibel wird, das in so vielen modischen Formulierungen steckt. Man muss nur an Tarifverhandlungen denken, bei denen es schon mal heißt: »Wir müssen ein Paket schnüren, in dem wir uns alle wiederfinden können.«

Vorspiegelung falscher Tatsachen

Groß war die Zarin Katharina, und sie hatte einen Liebling besonderer Art, den Fürsten Potemkin (1739–1791). So beliebt war er, dass er von der russischen Herrscherin den ehrenvollen, aber schwierigen Auftrag bekam, kürzlich eroberte Gebiete im Süden der Ukraine und die Krim zu besiedeln. Die Zarin hatte zwar viele Tugenden, doch auch ein Laster: ihre Ungeduld. Ratzfatz sollte Fürst Potemkin sein Werk vollbringen. Er machte sich zwar fleißig und tatkräftig an seine Aufgabe, doch die Zeit war einfach zu knapp. Im Jahr 1787 wollte die Zarin das Ergebnis mit eigenen Augen überprüfen. Die Arbeit war allerdings noch längst nicht getan. Was nun? Dem Fürsten kam in diesem peinlichen Moment eine rettende Idee. Als der Tross der Zarin durch das Gebiet rollte, sorgte er dafür, dass dies so eilig wie möglich geschah. So sah die Herrscherin auf ihrer Inspektionsreise Dörfer, Städtchen und immer wieder jubelndes Volk. Hätte sie anhalten lassen und eintreten wollen in die schönen Gebäude, hätte sie nur Fassaden und Pappmaché-Bauten vorgefunden, die Potemkin in aller Eile hatte errichten lassen. Aber alles ging gut: Die Zarin war zufrieden, der Fürst gerettet, und die Welt hatte eine neue Redensart: die *Potemkinschen Dörfer*.

Die Geschichte wurde zehn Jahre später von Georg von Helbig, dem sächsischen Gesandten in Sankt Petersburg, in seiner Potemkin-Biographie erzählt. Allerdings war von Helbig bei der Reise weder dabei, noch kannte er die besagten Gebiete oder hatte Ahnung von ihrer Besiedelung, die tatsächlich rigoros und in raschem Tempo durchgeführt worden war. Seiner Version der Geschichte lag wohl böswilliger Hofklatsch zugrunde.

So ist die Wendung von den Kulissendörfern selbst eine Kulisse, die mit dem Fürsten dahinter nichts zu tun hat. Und trotzdem wird sie weiter leben, weil es immer wieder genügend *Blender* gibt, die mit etwas protzen, obwohl nichts dahintersteckt.

Bestellter Jubel

»Der Schah von Persien kommt!« Was für eine Nachricht vor vierzig Jahren! Reza Pahlawi, diese Mischung aus »Tausendundeine Nacht« und Science-Fiction, besuchte Deutschland. Millionenschwere Edelsteingeschenke bekam seine Frau Farah Pahlawi geborene Diba, milliardenschwere Aufträge wurden an die westlichen Industrienationen verteilt, um den wenig entwickelten Iran zu modernisieren. Unzählige machten sich auf, um wenigstens einen Blick auf die gekrönten Häupter werfen zu können. Die Illustrierten lieferten sich einen harten Kampf um die schönsten Bilder und interviewten unterwürfig bewundernd Farah Diba. Ganz Deutschland schien sich im Jahre 1967 zu freuen, weil es der Schah und seine Frau mit ihrer Gegenwart beglücken würden.

Ganz Deutschland? Nein! Studierende, linksorientierte Journalisten und aus dem Land getriebene Iraner fanden es sogar empörend! Denn der Schah unterschlug Entwicklungshilfe, verdiente am Rauschgifthandel und ließ seinen Geheimdienst erbarmungslos alle Kritik im Keim ersticken.

Zu den Protestierenden gehörte Ulrike Meinhof: Sie schrieb einen Offenen Brief an Farah Diba, um ihr die Augen zu öffnen für das Unrechtsregime ihres Mannes. Der Text wurde tausendfach vervielfältigt und mit einem Aufruf zu Demonstrationen am 2. Juni versehen. An diesem Tag wollten der Schah und Farah Diba in Berlin Mozarts Oper »Die Zauberflöte« ansehen. Vor dem Opernhaus warteten Tausende von Demonstranten und schrien: »Scha-, Scha-, Schaschlik« oder »SA, SS, Schah«. Doch sie kamen nicht sehr nahe heran, denn vor ihnen hatte die Polizei Platz freigehalten für andere: Busse fuhren vor mit Männern in dunklen Anzügen, die das persische Herrscherpaar hochleben ließen. Als die Staatsgäste in der Oper verschwunden waren, griffen sich die Männer Holzlatten und schlugen damit auf die Demonstranten hinter ihnen ein. Die Polizei sah erst zu und machte

dann Jagd – auf die Demonstranten. Der Student Benno Ohne-
sorg wurde dabei erschossen. Die Schläger im Anzug ließ die
Polizei in Ruhe. Kein Wunder, waren es doch iranische Geheim-
dienstleute.

Seitdem wurde für bestellte Begeisterte der Ausdruck geläufig: »Das sind doch nur *Jubelperser*!«

Tücken und Triumphe des Volksmunds

Meine Freunde fragen mich immer wieder einmal nach der Herkunft von Sprichwörtern und Redensarten. Oft kann ich ihnen
helfen, oft aber auch nicht. Es gibt einfach zu viele Wendungen,
deren Herkunft und ursprüngliche Bedeutung niemand mehr
kennt. Dazu gehören sogar einige sehr bekannte: *nur Bahnhof
verstehen, Bauklötze staunen, jemanden ins Bockshorn jagen, frech
wie Oskar sein, dasselbe in Grün, mit jemandem Schlitten fahren,
das kommt nicht in die Tüte, Klappe zu, Affe tot, jemanden anpaulen* oder *einen Fö(h)n kriegen*.

In diesen Fällen ist der Volksmund schon lange kreativ: Er er-
findet einfach Erklärungen oder verändert Ausdrücke so lange,
bis er sie versteht. Nehmen wir *etwas aufs Tablett bringen*. Über
Jahrhunderte lautete diese Wendung ganz anders, nämlich *etwas
auf Tapet bringen*.

Tapet ist mit Tapete verwandt und bezeichnet ursprünglich
den grünen Bezug von großen Tischen, die in Sitzungszimmern
üblich waren. Daher kommt auch *etwas am grünen Tisch entscheiden*. Wenn ein Diplomat eine Tischvorlage hatte, legte er sie auf
den Sitzungstisch und brachte damit etwas aufs Tapet. Entsprechend bedeutet die Wendung also: ein Thema anschneiden, etwas ins Gespräch bringen, einen Vorschlag machen. Das genaue
Gegenteil wäre, einen Vorschlag *unter den Tisch fallen lassen*, der
damit nur noch Makulatur ist.

46

Weil Tapet heute niemand mehr kennt, greift man auf das ähnlich klingende »Tablett« zurück, als serviere man eine Idee. Es gibt ja auch die Redewendung *jemandem etwas auf einem silbernen Tablett servieren*. Völlig sinnfrei dagegen ist die ebenfalls zu hörende Variante *etwas aufs Trapez bringen*. Was soll es da? Kunststückchen machen? Und trotzdem – Geheimnis der Sprache – versteht man, was der andere meint.

> *Wer viel redet, erfährt wenig.*
> Armenisches Sprichwort

Dem Leben auf der Spur

Aristoteles freute sich mächtig, denn morgen würde sein treuer Händler Alektryos zehn Hühner mitbringen. Tatsächlich, kaum war die Morgensonne so schön aufgegangen wie selten im vierten Jahrhundert vor Christus, trat der Händler mit seiner gackernden Ware zur Tür herein. Aristoteles zahlte klaglos: Was tut man nicht alles als Experimentalphilosoph! Nun machte er sich gleich daran, die Hennen in Verschlägen unterzubringen und zu warten, schon damals eine besonders wichtige Forschertugend. Am nächsten Tag schlug er vorsichtig ein Ei auf und fand nichts Ungewöhnliches. Tags drauf untersuchte er ein zwei Tage bebrütetes: kein Unterschied. Doch nach drei Tagen und drei Nächten näherte er sich seiner Lieblingshenne Helena, nahm ihr das Ei weg und entdeckte auf einmal im Eiweiß das Herz des Hühnerembryos, nicht größer als ein blutiger Fleck, der »pulsiert und sich bewegt, als sei er beseelt«. Was für eine Entdeckung! Gleich setzte er sich hin und schrieb seine Beobachtungen auf.

Als Theodorus Gaza Aristoteles' Abhandlung über die Entwicklung des Lebens im Hühnerei Mitte des 15. Jahrhunderts ins Lateinische übersetzte, machte er aus dem pulsierenden, springenden »sämeion«, »Zeichen«, den »punctum saliens«, den *springenden Punkt*, was insofern nicht unbedingt falsch war, als Aristoteles von einem kleinen Fleck geschrieben hatte, der wie ein Lebewesen hüpfe und springe. Der Punkt, aus dem sich Leben entwickelt hatte, wurde zum springenden, zu dem Punkt, auf den es ankam.

Und damit ist wohl auch die beliebte Redewendung vom *Knackpunkt* verbunden, die erst Mitte der Siebziger auftaucht. Der »Duden« erläutert, sie komme von dem Ausdruck *eine harte Nuss zu knacken haben*. »Der Punkt, an dem die Schale nachgibt, ist der Knackpunkt«, an dem man erkenne, ob man eine taube oder eine wohlschmeckende Nuss in der Schale vorfinde. Eigentlich bezeichnet der Knackpunkt jedoch etwas Umstrittenes, Entscheidendes, auf das es in Verhandlungen besonders ankommt. Wahrscheinlich haben sich einfach zwei Redensarten verbunden. In Diskussionen gibt es oft wichtige strittige Punkte, springende Punkte eben. Sie zu lösen gleicht dem Knacken von Nüssen. Fertig ist der Knackpunkt.

Auf den Punkt gebracht

Mathematiker definieren ihn als ausdehnungslos, aber im Alltag weiß man: Auf den Punkt kommt es an. Nicht nur bei Sportwettbewerben oder bei getüpfelten Sommerkleidern, sondern auch bei Entscheidungen. Da muss man vorher *Punkt für Punkt* abklopfen, bevor man *eine Sache auf den Punkt bringen* kann. *Bis aufs i-Tüpfelchen* sollte alles stimmen, will man richtig *punkten*. Und seinen *Standpunkt* zu behaupten, ist schon die halbe Miete. Selbst wenn ein Verhandlungspartner stöhnt: *»Jetzt mach aber mal 'nen Punkt!«*, darf man sich nicht aus dem Konzept bringen lassen, muss vielmehr alle *Gesichtspunkte* beachten.

Der in der Politik fast unverzichtbare *Eckpunkt* stammt übrigens aus der Geometrie. Früher sagte man für extrem wichtige, grundlegende Aspekte »trigonometrische Punkte«, denn mit nur drei Punkten kann man eine Ebene bestimmen. Wenn man die Eckpunkte hat, kann man – so die Hoffnung der Politiker – auch den Rest der Sache konstruieren. Leider kommt man gar nicht selten beim *toten Punkt* an. So nennt man den kurzzeitigen Ruhezustand zum Beispiel eines Kolbens im Motor bei der Richtungsumkehr. Wenn ein Kolben diesen Totpunkt problemlos überwindet, ist alles in Ordnung, aber früher blieb er oft genug dort hängen und musste erst wieder mit Mühe in Gang gebracht werden. Wie eben manche Verhandlungen.

In der Sprache, die man am schlechtesten spricht, kann man am wenigsten lügen.

Friedrich Hebbel

Die Farben der Lüge

Wer einmal versucht, für einen Tag oder auch nur wenige Stunden ausschließlich die lautere Wahrheit zu sagen, wird merken, wie wichtig das Schweigen und die Lüge sind. Unser Alltag besteht aus so vielen kleinen und größeren Unwahrheiten, aus nur halb ehrlich gemeinten Komplimenten oder Zusagen, aus widerspruchsvollem Schweigen, stillem Protest und Notlügen.

Die nennt man im Englischen »white lies«, weil hinter ihnen keine schwarze Gesinnung steht. Mit der deutschen Redewendung *jemandem etwas weismachen* hat das allerdings nichts zu tun, denn die hängt mit Wissen und Weisheit zusammen: Im Mittelalter bedeutete sie sogar noch »jemanden belehren« oder »jemandem etwas kundtun«, was sich später zu »vortäuschen« und »vorspiegeln« veränderte. Vielleicht weil die Menschen schon damals oft *das Blaue vom Himmel herunterlogen*, also eine für jeden sichtbare Tatsache wie die Himmelsfarbe wegzureden verstanden? In Japan bezeichnet man übrigens eine glatte, unverschämte Lüge als »makka na uso«, »eine dunkelrote Lüge«. Klingt blutig.

Leider ist die Lüge weder an der Farbe zu erkennen noch daran, dass Menschen unter der Last ihrer Lügen – diese Vorstellung führte zum Ausdruck *lügen, dass sich die Balken biegen* – zusammenbrechen. Fromme Hoffnungen bleiben auch die Sprichwörter *Lügen haben kurze Beine* und *Wer einmal lügt, dem glaubt man nicht, und wenn er auch die Wahrheit spricht.*

Das Schweigen wäre eine gute Alternative. Wir könnten uns darein hüllen wie in einen schützenden Mantel und mit Shakespeares »Hamlet« denken: *»Der Rest ist Schweigen.«*

Zu *schweigen wie ein Grab* ist in unserer besonders redseligen, um nicht zu sagen: heillos verquatschten, Gesellschaft aber kaum möglich, wird rasch als Arroganz oder Dummheit bewertet. Das Sprichwort *Reden ist Silber, Schweigen ist Gold* hat sich fast überall ins Gegenteil verkehrt. In Managerkreisen machen schon Ausdrücke wie *walk the talk* die Runde, weil die Flut der Besprechungen und die dazugehörigen Redefluten am Handeln hindern; von den vielen weißen und schwarzen Lügen dabei zu schweigen.

Eine graue Eminenz im Reich der Verstellung ist der Wolf. Wie er die sieben Geißlein im Märchen täuscht, das hat System und erwies sich als sprichworttauglich: *Kreide gefressen haben* sagt man von einem Menschen, der plötzlich ungewohnt freundlich, höflich oder gar unterwürfig spricht. Der Wolf frisst im Märchen wirklich Kreide, um seine raue Stimme sanft und hell werden zu lassen. Doch das genügt nicht, denn die Geißlein erkennen ihn an seiner grauen Pfote. Also bestäubt er sie mit Mehl. Von einer guten Freundin hörte ich denn auch den schönen Ausdruck *sich eine weiße Pfote holen*, was soviel heißt wie, sich lieb Kind machen oder einschmeicheln.

Als ich vor kurzem wieder einmal »Thelma und Louise« sah
– übrigens eine wunderbare Geschichte von Wahrheit und Lüge
und Schweigen und Sprechen –, blieb mir *ein* Satz besonders im
Gedächtnis: »Stell mir keine Fragen, dann erzähl ich dir keine
Lügen!«

Der Duft der Worte

Eine Rede ohne bildliche Ausdrücke, Sprichwörter, Wortspiele
zu halten war im alten Rom undenkbar. Man schmückte sie aus,
um sie möglichst wirkungsvoll zu machen. Die einzelnen Elemente des Wortschmucks nannte man anschaulich »flosculus«,
»Blümchen«, was man später im Mittelhochdeutschen mit »rede-
bluomen« übersetzte.

Das rhetorische und gezierte, also »mit Redeblumen ver-
zierte« Sprechen galt seit dem Mittelalter einerseits als rück-
sichtsvoll, weil es etwas diskret zu verstehen gab, andererseits
als schwer durchschaubar – weshalb sich das Volk wünschte,
nicht alles *durch die Blume* zu erfahren, sondern *unverblümt*. Das
hübsche Wort »flosculus« überlebte übrigens ebenfalls, wenn
auch in recht trockener Form: In unserem Wort *Floskel* steckt
es, schließlich erstarrten nach und nach viele schmückende Ausdrücke oder Bilder zu bloßen Formeln.

Redevergnügen

Tritt fest auf! Machs Maul auf! Hör bald auf! rät angeblich Martin Luther dem Redner. Zum großen Reformator passte es, heute
möchte man bei tausendundeiner Gelegenheit Politiker, Predi-
ger und Publizisten daran erinnern, am besten auch sich selbst.
Wie viel Zeit man dadurch gewänne! Und *Zeit ist Geld*, wie Ben-
jamin Franklin sagte.

Unübertroffenes Vorbild für eine kurze, direkte Ausdrucksweise war das Kriegervolk der Spartaner, die man nach der Landschaft um Sparta auch »Lakonier« nannte. *Lakonischer* als sie sprach niemand.

Je klarer die Sätze, umso prächtiger erheben sich die Redeblumen, die Sprichwörter und sprachlichen Bilder aus ihnen. Es macht Spaß, sie im Munde zu führen, und die Zuhörer bleiben wacher, wenn man Fakten und Daten nicht nur *herunterleiert*. Die Leier oder Drehleier ist ein altes Instrument mit einer Walze, die mehrere Saiten zum Schwingen bringt, aber immer nur denselben Akkord erklingen lässt. Der Leiermann dreht an einer Kurbel, wobei ihm eine Tastatur erlaubt, über diesem unveränderten Grundklang einfache Melodien zu spielen. Das Unveränderte, Simple und das unentwegte Drehen führten zu den Redensarten: *Es ist die alte Leier* oder *immer dieselbe Leier*.

Wie viel besser ist es, seine Rede neu zu instrumentieren, abwechslungsreich zu gestalten. Man kann *jemandem die Meinung geigen* oder ihm *den Marsch blasen*, ihm *die Flötentöne beibringen*, solange man nicht selbst *auf dem letzten Loch pfeift*. Denn: *Der Ton macht die Musik!*

Es ist ein einfacher, aber wirkungsvoller Trick, seine Reden und Texte mit Wendungen zu schmücken, die zueinander passen. Die Zuhörer oder Leser merken spätestens bei der dritten Redensart aus demselben Bildbereich, dass da *etwas im Busche ist*, *passen auf wie ein Schießhund* und *lassen sich* nichts mehr *durch die Lappen gehen* – übrigens drei Jagdbegriffe: Bei der Treibjagd klopften die Treiber auf die Büsche, um verborgene Tiere aufzuscheuchen, Lappen an Seilen begrenzten das Jagdareal und sollten die Tiere an der Flucht hindern, auch wenn manchmal eines hindurchging. Und der Schießhund passte gut auf, damit er das geschossene Wild brav apportieren konnte.

Gut gebrüllt, Löwe!
William Shakespeare

Auf der Bühne geht's rund

Shakepeare wurde langsam ungeduldig. Wie lange hatte er seinen »Macbeth« schon abgeschlossen, doch der Abschreiber kam und kam nicht voran. In zwei Wochen sollte die Premiere stattfinden. Er war es gewöhnt, unter Druck zu arbeiten, die anderen Schauspieler ebenfalls, aber jetzt wurde die Zeit knapp.

Erst zwei Tage später brachte der Schreiber endlich den dringend erwarteten Sack voller Papier. Shakespeare nahm ihn grußlos und eilte zum Theater.

Einer der Schauspieler fragte ihn mürrisch, ob er unter die Kohlenhändler gegangen sei. Shakespeare schnürte den Sack auf, prüfte kurz den Inhalt und gab dem Spötter eine kleine Papierrolle. »Was? So wenig Text? Bist du des Wahnsinns! Wie soll ich davon meine Schulden bezahlen?« Ohne mit der Wimper zu zucken, verteilte er weiter. Shakespeare hatte es eilig und warf den anderen Darstellern die übrigen Röllchen vor die Füße: »Da, verteilt den Rest! Und übermorgen ist Probe! Ich will keine Hänger erleben!«

So könnte es gewesen sein, denn bevor es Bücher gab, gab es Schriftrollen, auf denen natürlich auch Theaterstücke aufgeschrieben wurden. Im Bereich des Schauspiels hielten sie sich sehr lange. Es war einfach praktisch und billig, den Text jedes Darstellers auf Papierstreifen zu schreiben, die der dann, wo er ging und stand, lernte oder bei Proben vorlas, bis er den Text seiner Papierrolle auswendig konnte. Hatte er viel Text, *spielte* er *eine große Rolle* und bekam entsprechend mehr Geld, war es wenig, nur eine *kleine* oder *untergeordnete*. Kamen anstößige Worte vor, nahm er die Hand oder *ein Blatt* – seine Rolle eben – *vor den Mund*. Und manchmal, wenn etwas nicht klappte, *fiel* er *aus der*

Rolle. Dann kam es mitunter zum *Rollentausch* mit einem anderen Schauspieler. War der Text zu Ende, hatte man schließlich *seine Rolle ausgespielt.*

Das Leben ist ein Drama:

1. »Sich in Szene setzen«.
2. »Jemandem eine Szene, eine Komödie vorspielen«.
3. »Nur inszeniert sein«.
4. »Im Rampenlicht« oder »in einem günstigen Licht stehen«.
5. »Sich etwas abschminken«.
6. »Sich einen guten Abgang (von der Bühne) verschaffen«.
7. »Etwas über die Bühne bringen«.
8. »In der Versenkung verschwinden«. (Dafür gibt es Falltüren auf der Bühne.)
9. »Alles klappt wie am Schnürchen.« (Marionetten hängen an ihnen, und es bewegt sie der »Drahtzieher«.)
10. »Hinter den Kulissen«. (Das äußerst beliebte Journalisten- und Politikerwort »eine Drohkulisse aufbauen« kommt auch von hier. Die bemalten Seiten- und Hintergrundwände auf der Bühne nennt man nach dem französischen Wort für Schiebewand »Kulisse«.)

Liegen lernen

Monatelang zog der Bär durch die Wälder und über die Wiesen, und er fraß alles, was ihm zwischen die Pfoten kam, bis er dick, rund und schläfrig war. Der Wind pfiff durch die Bäume, es wurde kalt. Da suchte er sich eine einsame Höhle und legte sich lang. Den Schnee, das Eis, die Kälte wollte er wie immer ungestört verschlafen, bis ihn die Frühlingssonne und der Hunger wieder hervorlocken würden ins Freie. Eine schöne Sache, dieser Winterschlaf, dachte er: *Ausschlafen statt Aussitzen.*

Diesmal aber kamen während des Winters ungebetene Gäste. Ein römischer Naturforscher namens Marcus Ursus und sein Sklave fanden den schlafenden Bären und beobachteten ihn neugierig. »Wie macht er das bloß?«, fragte Marcus Ursus. »Wie können diese Bären die Monate ihrer Schlafkur überleben, ohne zu essen?« – »Keine Ahnung. Mir ist kalt!«, antwortete sein Sklave Theoderich der Kleine. Schließlich hatte er im Jahre fünf nach Christus noch keine Ahnung davon, dass Bären von ihren Fettreserven zehren und ihren Stoffwechsel extrem reduzieren können. »Sieh nur!«, rief Marcus Ursus aufgeregt. »Er tut es schon wieder!« Theoderich der Kleine wusste, was er meinte. Dies war schon der dritte Bär, den sie aufgestöbert hatten, und alle drei hatten im Schlaf – wie manche Menschen ihre Finger – ihre Pfoten in den Mund gesteckt und daran herumgenuckelt. Man hörte sogar schmatzende Geräusche. »Heureka! Ich hab's!« Marcus Ursus war ganz aufgeregt. »Die Bären haben Milch in ihren Pfoten. Die saugen sie im Winterschlaf und können so überleben!« Marcus Ursus schrieb seine Beobachtungen auf, und wenig später hatte sich seine Vermutung als Lehrmeinung verbreitet.

Selbst wenn es sich anders ereignet haben sollte, glaubte man jedenfalls seit der Antike an die Bärenmilch, von der Forscher geschrieben hatten, und die eigenartige Selbstversorgung wurde zur verbreiteten Redewendung *sich etwas aus den Pfoten* oder *Fingern saugen*. Das bedeutete bald auch, sich »etwas ausdenken« oder sogar »lügen«. Goethe erkannte, wie sehr dieses Verfahren dem der Schriftsteller ähnelt, die so oft nur um sich selbst kreisen und aus ihrer eigenen Phantasie Neues erschaffen. Er schrieb: *»Dichter gleichen Bären, / die immer an eignen Pfoten zehren.«*

Von den Bären kann man aber noch mehr lernen als Selbstgenügsamkeit: So hieß es im Volksmund, bei ihrer Geburt seien Bären nichts als formlose Fell- und Fleischklumpen, aus denen die Mutter erst ihre Körper modellieren müsse – mit der Zunge. Sie lecke in mühseliger Arbeit die Bärchen quasi in Form. Ein *unbeleckter* Mensch ist dementsprechend unreif, unfertig, ohne Erfahrung. Da kriegt das Wort von der *Zungenfertigkeit* einen ganz anderen *Zungenschlag*. Aber vielleicht wollte man mit so einem Ammenmärchen den kleinen Kindern auch *einen Bären aufbinden*: eine schöne Redensart, die allerdings niemand ganz überzeugend erklären kann.

Red, was wahr ist, iss, was gar ist, trink, was klar ist.
Martin Luther

Zu schön, um wahr zu sein

In Italien sagt man, wenn jemand eine sehr schöne, aber nicht sehr glaubwürdige Anekdote erzählt, mit dem Philosophen Giordano Bruno (1548–1600): »se non è vero, è ben trovato«, *wenn es nicht wahr ist, ist es gut erfunden.* So wird heute oft Lenin mit *Vertrauen ist gut, Kontrolle ist besser* zitiert, was er allerdings nicht gesagt hat, sondern: »Vertraue, aber prüfe nach.« Nun, das ist immerhin fast das Gleiche.

Der französischen Königin Marie Antoinette dagegen schob man ein Bonmot in den Mund, das gut zum Klischee einer verkommenen Aristokratie passt, das sie aber niemals gesagt hat: *Wenn das Volk kein Brot hat, soll es Kuchen essen!* Der Ausspruch ist schon Jahrzehnte vorher überliefert und wurde immer neuen angeblich schamlosen Damen in den Mund gelegt.

Die Menschen lieben einfach knackige Sätze und dramatische Situationen. Deshalb entstanden auch unzählige Anekdoten über den Reformator Martin Luther. Die berühmteste behauptet, er sei eines Morgens, den Hammer in der einen Hand und einen langen Papierstreifen mit seinen aufrührerischen 95 Thesen in der anderen und Nägeln zwischen den Lippen, zur Schlosskirche in Wittenberg gestapft, um dort seine reformatorischen Ideen an die Tore zu nageln. Keine Rede davon! Genauso berühmt ist das

Wort, das er vor dem Reichstag zu Worms gesprochen haben soll, als er seine Thesen zurücknehmen sollte: *Hier stehe ich. Ich kann nicht anders, Gott helfe mir, Amen!* Der erste Satzteil wurde oft verändert und ist bis heute sehr beliebt. Erfunden ist das Ganze trotzdem. Dabei gibt es doch genügend andere bemerkenswerte Luther-Sprüche. So schrieb er beispielsweise von seinem Wohnort Wittenberg und seinen Einwohnern, sich selbst eingeschlossen, als »nos vermes in hoc culo mundi«, *wir Würmer im Arsch der Welt.* Und das stimmt wirklich.

Merkwürdig wie die ausgedachten Luther-Sprüche sind Filmzitate, die nie gefallen sind: *Play it again, Sam* aus »Casablanca« wurde so oft zitiert, dass Woody Allan ein Theaterstück danach nannte. Doch Ingrid Bergman bittet den Pianisten nur: »Play it once, Sam, for old times' sake.« In der TV-Serie »Star Trek« sagt Captain Kirk ebenso wenig: *Beam me up, Scotty*, obwohl man den Spruch schon tausendmal gehört hat. Und Kommissar »Derrick« hat nicht in einer einzigen Folge geäußert: *Harry, hol schon mal den Wagen*, oder: *Harry, fahr schon mal den Wagen vor.*

Legendäre Filmzitate und Filmtitel:

1. »Uns bleibt noch Paris!« und »Ich schau dir in die Augen, Kleines« (»Casablanca«)
2. »Mission: Impossible«
3. »Frauen am Rande des Nervenzusammenbruchs«
4. »Spiel mir das Lied vom Tod«
5. »Wenn die Gondeln Trauer tragen«
6. »Wenn der Postmann zweimal klingelt«
7. »Was Sie schon immer über Sex wissen wollten, aber bisher nicht zu fragen wagten«
8. »Das Schweigen der Lämmer«
9. »Manche mögen's heiß«
10. »Gute Nacht, John-Boy!« (»Die Waltons«)

Sprachhelfer

Wenn man in den Spiegel schaut, den Mund öffnet und die Zunge anhebt, sieht man das Häutchen, das sie mit dem Boden der Mundhöhle verbindet. Dieses Zungenbändchen durchtrennten bis um 1900 nicht wenige Hebammen bei Neugeborenen. Mal mit einer Schere, mal mit den Fingernägeln. Solange die Wunde entzündungsfrei blieb, schadete das weder der Zunge noch dem Sprachvermögen. Es ging dabei nicht darum, einen Laut aus den Kindern hervorzulocken – wie beim berühmten Klaps auf den Po –, sondern um einen symbolischen Akt, das *Lösen der Zunge*. Sie gilt immer schon als das Organ, mit dem man besonders leicht sündigen und sich um Kopf und Kragen reden kann. Die Hausa in Afrika meinen sogar: *Es ist der Mund, der einem die Kehle durchschneidet.*

Wenn man die Zunge unter Segenssprüchen löste, versuchte man damit, ihrem Lauf die richtige Richtung zu geben. Einen dieser Sprüche, aus der Gegend von Offenburg überliefert, musste die Entbundene dreimal der Hebamme nachsprechen: »Ich löse dem Kinde die Zunge zu alle gute Stunde, zur gerechten, aber nicht zur ungerechten. Die himmlische Ehr, die nimmermehr vergeht, im Namen des Vaters, des Sohnes und des Heiligen Geistes.«

Unheimliche Schachzüge

Der erste Schach-Computer der Welt wurde im Jahr 1768 präsentiert: Eine Puppe in Lebensgröße saß mit Turban und Pumphosen an einer Art Kommode, auf der sich wiederum das Schachbrett befand. Der Clou bei der Sache war: Der künstliche Türke zog nicht nur selbst seine Figuren, er spielte auch ganz ausgezeichnet. Er machte seinen Erfinder, den österreichischen Verwaltungsbeamten und genialen Mechaniker Wolfgang Ritter von

Kempelen, im wahrsten Sinne unheimlich berühmt. Konnte es denn mit rechten Dingen zugehen, dass eine Maschine intelligent war? War Kempelen mit bösen Mächten im Bunde, wie es E. T. A. Hoffmann in seiner Schauergeschichte »Die Automate« nahelegte? Oder war er ein Betrüger? Diese Anschuldigung entkräftete Kempelen, indem er nacheinander die Türen der Kommode öffnete, so dass die Zuschauer den komplizierten Stangen- und Rädermechanismus bestaunen konnten: von einem Trick oder Betrug keine Spur! Die Sensation war perfekt, und Kempelen ging mit dem Schachautomaten auf Europatournee. Selbst Adlige und gekrönte Häupter wie Friedrich der Große spielten gegen den Türken und – verloren meistens.

Als Kempelen 1804 starb, erbte sein Sohn den Türken und verkaufte ihn an den Erfinder des Metronoms und Wiener Hofmaschinisten Johann Nepomuk Mälzel aus Regensburg, der mit ihm schließlich in die USA reiste. Dort sah ihn im Dezember 1835 Edgar Allan Poe. Im Jahr darauf veröffentlichte Poe seinen berühmt gewordenen Essay »Maelzels Schachspieler«, in dem er offenlegte, wie der Schwindel mit dem Türken funktionierte: Es verbarg sich ein kleiner, höchst beweglicher Mann in der Apparatur, der die Bewegungen der Puppe ausführte. Zu sehen war er nicht, weil nie alle Türen und Schubfächer gleichzeitig geöffnet wurden und er sich von einer Seite auf die andere bewegen konnte, außerdem täuschten Sichtblenden die Zuschauer.

Als Poe hinter die Sache kam, steckte im Türken ein Mann namens Wilhelm Schlumberger, der seinen unbequemen Dienst damals schon an die fünfzehn Jahre versehen hatte. Die Nachricht von dem Betrug verbreitete sich durch Europa, und die neue Redensarten *einen Türken bauen* und das gebräuchlichere *etwas türken* waren geboren.

Die geflügelte Lüge

Manchmal *geht* man ihr *auf den Leim* wie die Singvögel einer klebstoffbestrichenen Rute: der *Zeitungsente*. Die Erklärung, der Begriff komme von der deutsch ausgesprochenen Abkürzung in englischen Blättern »n. t.« (für *not testified* oder *non testatum*, also »nicht bezeugt«), ist falsch. Nicht ganz ausgeschlossen ist die Herkunft von »Lugenda«, einem Begriff, der von Martin Luther für eine unglaubwürdige Legende gebraucht wird, im Barock zu »Lüg-Ente« und möglicherweise später zu »Ente« verkürzt wurde.

Wahrscheinlicher ist jedoch die Herkunft der Bezeichnung aus Frankreich. Dort wird »canard«, »Ente«, schon lange in der Bedeutung »Betrug«, »Lüge« verwendet. »Jemandem eine Ente geben« bedeutete »jemandem etwas vorlügen« und ging zurück auf den Ausdruck »jemandem eine Ente zur Hälfte geben« oder »verkaufen«. Da das bei einem lebenden Tier nicht möglich ist, meinte man damit einfach »jemanden betrügen«. Im 19. Jahrhundert übertrug man den Ausdruck »Ente« auf reißerische Presseerzeugnisse wie Flugblätter, satirische Schriften, weil sie nicht verlässlich waren und eben Sensations- und Falschmeldungen brachten, um Käufer anzulocken.

Die wichtigste und am meisten gefürchtete Satirezeitschrift im heutigen Frankreich heißt übrigens »Le Canard enchaîné«, »die angekettete Ente«. Zuerst hieß die Zeitung »L'Homme libre«, »der freie Mensch«, nach Zensureingriffen nannte sie sich »L'Homme enchaîné«. Weil die Zeitung schließlich immer satirischer wurde und »canard« in der Umgangssprache auch »Käseblatt« meint, entschied man sich für den selbstironisch-kämpferischen Titel mit der Ente in Ketten.

IV. Haben, Nichthaben, Guthaben

Sand im Getriebe des Kapitalismus

Eine kleine Stadt in Frankreich im 19. Jahrhundert: Erst herrscht gespannte Stille, dann hört man ein seltsames Geräusch. Bedrohlich klappert es auf den Pflastersteinen, erst leise, dann lauter. Immer näher kommt der unheimliche Klang vieler wütender Schritte: Holzschuhe auf Stein. Dann stehen sie schließlich vor den Fabriktoren: empörte Arbeiter. Sie brechen die Tore auf und laufen in Massen zu den verhassten Maschinen, die ihnen Lohn und Brot nehmen. Sie stürmen in die Hallen, wo es dampft und stampft und zischt, wo Wellen, Zahnräder und Treibriemen statt Händen und Köpfen ihr Werk verrichten. Wie sollen sie die eisernen Ungetüme mit bloßen Händen zerstören? Da zieht einer seinen Holzschuh vom Fuß und wirft ihn ins Getriebe einer Maschine hinein, die knirschend und kreischend blockiert und sich selbst zerstört. Die anderen folgen seinem Beispiel. Sie werfen ihre »sabots«, so heißen ihre schweren Holzschuhe, in die Maschinen.

Weil die Aktionen der Arbeiter – gleichsam Sabot-Körner im Getriebe des Kapitalismus – ebenso einfach wie wirkungsvoll waren, gingen sie als *Sabotage* in den Wortschatz ein.

Schnäppchen leeren die Börse.
Italienisches Sprichwort

Der geistige Zustand der Wirtschaftsführer
ist mehr als optimal

Klappern gehört zum Handwerk. Das wusste man schon im Mittelalter, als Marktschreier, so laut sie nur konnten, ihre Waren anpriesen, am besten mit lärmenden Klappern und anderen Instrumenten.

Auch heute noch wird bei der Darstellung der eigenen Waren, der eigenen Firma gern geklappert und übertrieben sowieso. Es genügt nicht, eine neue Technik entwickelt zu haben, sie wird im Firmendeutsch gleich zur *Technologie* aufgeblasen. Eigentlich ist das die Lehre von den Produktionsverfahren, aber offensichtlich klingt der Begriff toller. Gleiches gilt für die modernen Nöte unserer Seele: Psychische Probleme gibt es praktisch nicht mehr, heute möchte man lieber *psychologische* Probleme haben, obwohl die sich nur auf die Wissenschaft von der Psyche beziehen.

Zum modernen Wirtschaftskapitän, der sich schon mal »leader of the pack«, *Leitwolf,* nennt, passt es, dass er nicht mehr nur pragmatisch *auf Erfolgskurs steuert.* Er adelt seine Geschäftspläne zu einer Firmenphilosophie. Die Liebe zur Weisheit – die wörtliche Bedeutung des griechischen Wortes *Philosophie* – findet man eher selten in Chefetagen, dafür mehr oder weniger sinnvolle ökonomische Sprachkreationen. Zu denen gehört es, das Optimalste, ja das Perfekteste anzustreben, aber *perfekt* heißt schon »vollkommen« und *optimal* »bestmöglich«. Solchen Superlativisten kann man nur das Besteste wünschen, vor allem für ihre geistige Gesundheit, denn meist haben sie ja auch noch *Visionen.* Die hatten früher nur Heilige, die sich so tief in sich selbst versenkten, dass sie Gott schauten. Dann gab es noch Verrückte in den geschlossenen Anstalten mit Visionen, also Traum- und Trugbildern. Dass Firmenleiter heute Visionen haben, macht einem da schon Sorgen. Wie spottete Bundeskanzler Helmut Schmidt vor vielen Jahren: »*Wer Visionen hat, sollte zum Arzt gehen!*«

Sprachführer Wirtschaftsdeutsch:

»Jemanden abbauen/freisetzen/ abfinden«:	jemanden entlassen
»Negatives Wachstum«:	Verlust
»Schwarze Null«:	endlich kein Verlust mehr
»Gewinnwarnung«:	Verlustwarnung, Einbruch der Erträge
»Konzentration auf die Kernkompetenz«:	fehlgeschlagene Expansion
»Ältere Arbeitnehmer«:	alle ab Ende dreißig
»Basel II«:	teurere Kredite für die, die sie brauchen
»Deinvestieren«:	Geld abziehen aus einer Region, Firma
»Operative Herausforderung«:	Geschäftsprobleme
»Zeitnah erledigen«:	unklar, wann etwas getan wird

Flüssiges Gold

Schon im alten Rom war der Besuch einer öffentlichen Toilette kostenpflichtig. Urin war ein wichtiger Grundstoff: als Dünger, als Bestandteil von Medikamenten, als Hilfsmittel beim Färben oder Gerben und schließlich als Waschmittel. In den zahlreichen öffentlichen Toiletten Roms wurde deshalb Urin gesammelt und anschließend verkauft. Kaiser Vespasian (69–79 n. Chr.) verlangte nun von den Pächtern der Bedürfnisanstalten eine Steuer, um am Urin mitzuverdienen. Er war eben geschäftstüchtig, was er auch sein musste, weil er von seinem verschwenderischen Vorgänger Nero nur ungeheure Schulden geerbt hatte.

Titus, der Sohn Vespasians, kritisierte diese eines Kaisers unwürdige und ganz wörtlich anrüchige Steuer heftig. Der Herrscher hielt seinem Sohn aber einfach die ersten Sesterzen der Urinabgabe unter die Nase und fragte, ob er etwas wahrnehme. Titus schüttelte den Kopf. Woraufhin Vespasian sagte: »atquin e lotio«, »Und es ist doch aus Urin.« Die Quintessenz der Anekdote fasste man in der pointierten Form »non olet«, »es (das Geld) riecht nicht« zusammen, was später im Deutschen zu *Geld stinkt nicht* verschärft wurde.

Noch bis weit ins 20. Jahrhundert hießen übrigens die öffentlichen Toiletten in Frankreich nach dem römischen Kaiser »Vespasiennes«.

Blitzsauber

Wenn die Schuhe glänzen, das Auto blitzt oder Messingarmaturen blinken, dann hat jemand gewienert. Der Ausdruck *etwas wienern* oder *das sieht aus wie gewienert* kommt vom Wiener Putzkalk, der unter dem Produktnamen »Wiener Kalk« erfolgreich vermarktet wurde. In guten Geschäften gibt es das Scheuermittel immer noch. Und es säubert so gut wie vor hundert Jahren.

Das liebe Geld:

1. »Moos«: Wohl vom hebräischen »ma'oth« für Pfennige über das jiddische »maos« in die Gauner- und Studentensprache eingegangen. Heute beliebt in: »Ohne Moos nix los!«
2. »Knete«, »Kohle«, »Mäuse«, »Asche«, »Pulver«, »Mücken«: Diese und ähnliche Bezeichnungen wie »blechen« (also Billig- statt Edelmetall) verkleinern, verharmlosen die Bedeutung des Geldes. Das gilt auch für »berappen«, das als

»rebbes« für »Zins«/»Gewinn« aus der Gaunersprache Rotwelsch kommt. Mit dem Schweizer Rappen hat es nichts zu tun: Den Adler auf der Münze und diese selbst nannte man scherzhaft »Rabe«, was später zu »Rappen« wurde.

3. »Penunse«: vom polnischen Wort für Geld »pieniądze«.

4. »Kies«: Im Rotwelschen bezeichnet »Kiss«/»Kies« einen Sack oder Beutel, um Diebesgut zu transportieren, was man auf gestohlenes Geld übertrug. »Schotter« und »Steine« sind daraus abgeleitet.

5. »Kröten«: Möglicherweise nach alten griechischen Münzen, auf denen eine Schildkröte abgebildet war.

6. »Zaster«: aus der Gaunersprache, bezeichnete ursprünglich »Eisen«.

7. »Moneten«: Im alten Rom verehrte man die Göttin Juno, auch »moneta«, die Warnerin, genannt, in einem Tempel auf dem Kapitol. Als man dort eine Münzprägestätte einrichtete, übertrug sich ihr Beiname auf das Hartgeld – wie »money« im Englischen, »monnaie« im Französischen oder »Münze« im Deutschen. Klassisch gebildete Studenten prägten schließlich den umgangssprachlichen Ausdruck »Moneten«.

Ein irisches Embargo

1880 tritt die irische Landliga zusammen. Auf der Tagesordnung steht der Konflikt mit dem englischen Gutsverwalter von Lough-Mask in der irischen Grafschaft Mayo. Er hat heftigen Streit mit seinen irischen Pächtern, die gegen zu hohe Abgaben protestieren und geringere durchsetzen wollen. Das lehnt nun wieder der Verwalter strikt ab.

Die Liga beschließt daraufhin, ihn offiziell zu ächten: Niemand soll mit ihm Verträge schließen, niemand ihn beliefern, niemand mit ihm gesellschaftlichen Umgang pflegen. Es gibt Todesdrohungen gegen ihn, seine Dienerschaft wird gezwungen, ihn zu verlassen, seine Zäune werden niedergerissen, Briefe an ihn abgefangen. Neunhundert Soldaten müssen Freiwillige der paramilitärischen protestantischen »Ulster Orangemen« – ihre Nachfahren sorgen noch heute mit ihren Märschen für Unruhen – beschützen, die wenigstens die Ernte einbringen sollen. Doch die Solidarität der Iren ist zu groß, schließlich geht es um eine nationale Frage: Die Engländer gelten in Irland als Besatzer. Weil sich fast alle an den Beschluss halten, muss der Verwalter bald aufgeben und das Land verlassen. Der durchschlagende Erfolg macht das irische Verfahren unter dem Namen des Vertriebenen international bekannt: Charles Cunningham Boycott.

Wann wirkt die Währungsumstellung?

Wer den Cent nicht ehrt, ist des Euros nicht wert! Ich muss also den Cent dreimal umdrehen. Dazu habe ich eigentlich nicht für fünf Cent Lust. Das meiste ist allerdings eh keinen Cent wert! Höchstens das schön blühende Centkraut oder ein Paar schicke Schuhe mit Centabsatz. Na ja, viele haben ja nicht für fünf Cent Grips und träumen nur davon, einen schnellen Euro zu machen. Denen fällt der Groschen centweise.

Jahre ist es schon her, dass Mark und Pfennig, altehrwürdige Münzbezeichnungen, die seit dem Mittelalter verwendet wurden, verschwunden sind. Und jetzt? Stellen sich Redensarten und Sprichwörter um? Allerdings sagt auch Onkel Dagobert noch: »Wer den Kreuzer nicht ehrt, ist des Talers nicht wert.«

Die Bundesbank und der »Duden« haben das Problem jedenfalls nicht geregelt, indem sie einfach alles durch 1,95583 geteilt haben. Dabei wäre manches ganz einfach: Der Groschen bezeichnet nur eine Zehnereinheit, egal ob Pfennige oder Cent, und ein Centabsatz wäre nicht breiter oder höher als der *Pfennigabsatz*. Aber die Gewohnheit steht der Währungsumstellung der Worte im Wege. Manches klingt ja auch nicht mehr: Vorbei die gleichen Anlaute bei *keine müde Mark*, beim *Pfennigfuchser*, unmöglich das Wortspiel mit dem Knochenmark und der Mark bei *das geht mir durch Mark und Pfennig* statt *das geht mir durch Mark und Bein* (wobei »Bein« auch nur ein anderes Wort für Knochen ist). Aber wo gehobelt wird, da fallen Späne, und neue Währungen kosten immer Geld, wenn man sie auch nicht immer *auf Heller und Pfennig* berechnen kann.

Wie sich die Werbung in der Sprache breitmacht:

1. »Das ist doch Asbach uralt.«
2. »Die zarteste Versuchung, seit es ... gibt.« *Milka*
3. »Reduce to the max.« *Smart*
4. »Geiz ist geil.« *Saturn*
5. »Nicht immer, aber immer öfter.« *Clausthaler Alkoholfrei*
6. »Es gibt viel zu tun. Packen wir's an.« *Esso* (Natürlich auch in Varianten: »..., lassen wir's sein.« Oder: »..., hauen wir ab.«)
7. »Quadratisch, praktisch, gut.« *Ritter Sport*
8 »Vorsprung durch Technik.« *Audi*
9. »Dahinter steckt immer ein kluger Kopf.« *FAZ*
10. »Wohnst du noch oder lebst du schon?« *IKEA*

Endlich schuldenfrei

Zu Zeiten des Alten Testamentes breitet sich unter den Israeliten am Ende jedes 49. Jahres bei den Schuldnern eine frohe, bei den Geldverleihern eine unsichere Stimmung aus. Die Herren verhalten sich höflicher, die Hirten und Pächter selbstbewusster.

Alle Ordnung bekommt etwas leicht Schwebendes. Die Stimmung ist feierlich, besonders kurz bevor mit dem Schall der geblasenen Widderhörner für alle der Schuldenerlass verkündet wird. Jeder kann wieder unbelastet ein neues Leben beginnen. Die Reichen haben keine Außenstände mehr, die Armen sind ihre drückenden Kredite los.

Ein schöner Brauch, den wir vielleicht wieder einführen sollten. Geblieben sind uns von ihm nur die Ausdrücke *alle Jubeljahre* und das *Jubiläum*. Die Schafshorninstrumente, mit denen der Tag des Schuldenerlasses verkündet wurde, hießen nämlich nach dem hebräischen Wort für Widder »jobel«, woraus sich auch die Bedeutung »Freudenschall« entwickelte. Im christlichen Latein entstand die Bezeichnung »jubilum« für das freudige *Jauchzen,* die man fälschlicherweise auf »jobel« zurückführte. Immerhin erinnerte sich Papst Bonifaz VIII. im Jahr 1300 an die biblische Tradition des Gnadenjahres, als er ein »jubilaeus annus« einführte, in dem ein großer Sündenablass verkündet wurde. Erst gab es ein solches Jubeljahr nur alle hundert Jahre, dann alle fünfzig, noch später alle 33 und schließlich alle 25. Und von daher übertrug man den Begriff auf alle silbernen, goldenen und anderen Jahrestage, die fortan Jubiläum genannt wurden.

Feuriger Rauswurf

Englische Bergarbeiter haben im 19. Jahrhundert ein schweres Leben. Nicht genug, dass ihre Arbeit hart ist, auch die Bedingungen sind es. Zu allem Überfluss müssen Handwerker und Arbeiter ihr eigenes Werkzeug in die Stollen mitbringen, das sie in einem Sack mit sich tragen. Nach dem Dienst packen sie es zusammen und lagern es am Arbeitsplatz. Wird jemand entlassen, bekommt er den Sack ausgehändigt und hat zu gehen. Bei Seeleuten, die ja ihre Habseligkeiten gern im Seesack transportieren, sagt man noch heute *er hat den Sack bekommen*, wenn jemand abgemustert wird.

Wird ein englischer Bergarbeiter damals aber bei einem Diebstahl ertappt, dann verbrennt man seine Werkzeuge samt Sack öffentlich. Er ist damit unehrenhaft entlassen und kann so schnell keine Arbeit mehr finden; vom Verlust der Werkzeuge ganz zu schweigen.

Bekannt wird die Strafaktion als »firing one's tools«, verkürzt »being fired«. Und weil sich der Ausdruck mit dem englischen Wort für Anheuern, »hire« (»heuern« ist übrigens ein altes germanisches Wort für »mieten«), so schön reimt, bildet sich im englischsprachigen Raum der Ausdruck *hire and fire* für die Praxis, Leute je nach Auftragslage einzustellen und nach Belieben wieder rauszuschmeißen. Bei uns kam der Ausdruck *jemanden feuern* erst vor etwa dreißig Jahren in Gebrauch.

Eine kurze Geschichte der Erdnüsse

Es war einmal ein Mann, der hieß Jürgen Schrempp und baute und baute und baute. Alles aber, was er baute, das vermietete er gleich oder schon vor der Fertigstellung an solvente Mieter mit langfristigen Verträgen und hoher Rendite. So erzählte er es wenigstens.

Irgendwann brach das ganze Reich zusammen, als wäre es nur ein Kartenhaus. Und das war es auch. Da floh der Mann mit seiner Frau. Zu Hause blieben viele Handwerker zurück, dazu eine Menge Anleger, die an die goldenen Berge geglaubt hatten. Es half ihnen auch nichts, dass der Mann wieder nach Deutschland und ins Gefängnis kam. Das Geld war weg. Nur Milliarden an Schulden gab es.

Wütend suchte man einen Schuldigen und fand einen anderen Mann: Der hatte dem ersten Mann große Kredite gegeben und hieß Hilmar Kopper. Viel Geld verdiente er bei der Deutschen Bank, aber immer hatte er sich gewünscht, etwas zu erfinden, dass ihn überleben würde. Da kam ihm die Geschichte mit dem verlorenen Geld gerade recht. Er überlegte lange, und als man ihn 1994 anklagte wegen der vielen Millionen, da sagte er: »*Das sind nur Peanuts.*« Er meinte, verglichen mit den fünf Milliarden Verlust insgesamt. Doch die Wut im Land war groß, und alle wiederholten den Spruch wieder und wieder, bis er einging in den hiesigen Wortschatz. Kopper jedoch war sehr stolz und ließ sich fotografieren in einem Güterwaggon, der bis oben voll war – mit Erdnüssen.

V. Pleiten, Pech und Pannen

Am Scheideweg

Die Seele eines Muslims muss, so heißt es in der Überlieferung, am Jüngsten Tag die Brücke über den Höllenabgrund überqueren. Sie ist schmal, so schmal wie eine Rasierklinge. Wer hier strauchelt, fällt in ewige Verdammnis. Das Seelenheil steht auf des Messers Schneide.

Im Alltag befinden wir uns ebenfalls oft in heiklen Situationen, auch wenn es selten um ewiges Heil oder ewige Verdammnis geht. Gerade dann können Sprichwörter und Redensarten immergrüne Lehre erteilen und als Entscheidungshilfe zur Seite stehen: Wenn man trotz einer erfolgreichen Zusammenarbeit mit einem neuen Partner liebäugelt, dann hilft vielleicht schon ein ermunterndes *Mitten im Strom soll man die Pferde nicht wechseln!* oder *Never change a winning team!*, um *bei der Stange zu bleiben*. Die Stange, das war im Soldatenjargon die Bezeichnung für das Feldzeichen oder die Fahne des Heeres, um die sich alle scharten.

Wer eine Entscheidung fällen will, der muss die Argumente für oder gegen etwas *abwägen*. Wie bei einem Wiegevorgang legt man zugunsten des einen oder anderen etwas in die Waagschalen, um danach den Zeiger, der auch Zünglein genannt wurde, im Auge zu behalten: Auf ihn kommt es an, und hierher stammt der Ausdruck *das Zünglein an der Waage sein*. Doch manchmal *gibt* nichts *den Ausschlag* (des Zeigers nämlich). Dann *halten* die Argumente *einander die Waage*, und es herrscht weiter Unsicherheit.

Abwarten und Tee trinken ist in diesem Fall keine schlechte Idee. Denn: *Kommt Zeit, kommt Rat.* Allerdings bedeutet auch das Zögern eine Entscheidung. Wer sich die Wahl zu lange offenhält, verpasst leicht die besten Gelegenheiten. Klar, dass es heißt: *Wer die Wahl hat, hat die Qual.*

Im Zweifel bleibt noch die Möglichkeit, das Schicksal entscheiden lassen, indem man eine Münze oder einen Würfel wirft. Schon Julius Cäsar wird der Ausspruch *Die Würfel sind gefallen* zugeschrieben. Er sprach diesen Entscheidungssatz und tat anschließend etwas Sprichwörtliches: *den Rubikon überschreiten.* Heute bedeutet der Ausdruck, etwas Entscheidendes, ja sogar Unwiderrufliches tun. Der Rubikon war eher ein kleiner Fluss, aber sein Verlauf bestimmte die Grenze Roms, die ein mit seinem Heer heimkehrender Feldherr nicht überqueren durfte. Cäsar hielt sich 49 vor Christus nicht daran und begann damit einen schrecklichen Bürgerkrieg. Er hatte soviel *Schneid* – ein süddeutsches Wort für Mut, das von der scharfen Schneide kommt –, *alles auf eine Karte* und sein Schicksal auf des Messers Schneide zu *setzen.* Was erst einmal gutging – bis Cäsar wenige Jahre später durch die Messer seiner Gegner umkam.

> *Krauthacken und Scheißen zugleich geht nicht.*
> Schwäbisches Sprichwort

Der Fußwächter

Rom, die erstaunlichste Stadt des Universums: Gaius Petronius (27–66 n. Chr.), genannt Arbiter, liegt im Bett und denkt nach. Er ist ein berühmter Mann. Die Römer schätzen ihn als genialen Autor. Sein ebenso witziger wie unanständiger Roman »Satyricon« über die Dekadenz und den ungeheuren Luxus der römischen Feste wird von vielen gelesen. Selbst Kaiser Nero sucht seinen Rat in Fragen des guten Geschmacks. Petronius könnte zufrieden sein. Doch nun liegt er, der große Mann, da und kann nicht aufstehen. Wo ist nur der Fußwächter? Können die Sklaven nicht bei ihm wachen? Na gut, er hat lange geschlafen nach der Orgie, die bis in die frühen Morgenstunden dauerte, aber nun steht die Sonne hoch am Himmel.

»Argus! Argus!«, schreit er. Doch der Leibsklave im Vorraum tut, als höre er nichts. Er hat genug davon, die Morgenstunden mit Warten zu verbringen, bis der feine Herr wach wird. Soll der ruhig noch ein wenig schmoren.

Petronius seufzt, als niemand kommt. Was ist jetzt nur zu tun? Wenn er so verkatert und übernächtigt ist, verwechselt er allzu leicht rechts und links. Einmal aber *mit dem linken Fuß aufgestanden*, läuft der ganze Tag schief. Das weiß er, das wissen alle Römer. Deshalb hat er seinen Sklaven nach dem hundertäugigen Riesen benannt, damit dieser mit *Argusaugen* darüber wacht, dass ihm dieses Missgeschick auf keinen Fall passiert. Deshalb hat er persönlich dafür gesorgt, dass Wachen an den Türen aller öffentlichen Gebäude aufgestellt werden, die auf die Füße der Römer, genauer gesagt: auf die linken, achten. Denn man darf weder ein Gebäude noch sein Bett mit dem falschen Fuß betreten oder verlassen. Die rechte Seite ist recht, sie ist mit dem Richtigen verbunden. Die linke dagegen ist die fragwürdige, die Unglück bringt und dem Übel verwandt ist. Nicht umsonst heißt es *jemanden linken*, oder: *Das ist wirklich link*.

In Petronius' Blase macht sich der Wein vom Vorabend bemerkbar. Er muss endlich aufstehen. Nero wartet bald. Er tut es nicht gern.

»Aaarguuus!« Petronius brüllt, so laut er kann. Argus lächelt zufrieden und rührt sich nicht.

Petronius dreht sich verzweifelt auf die andere Seite und murmelt: »Verdammter Wein! Verdammter Sklave!« Ob ihm seine Sandalen vorm Bett bei der Entscheidung helfen könnten? Aber er sieht sie nicht. »Argus.« Fast weinerlich ruft er jetzt. Und der Sklave hat endlich Mitleid: »Ja, Herr?« Petronius ist zu erleichtert, um zu schimpfen. »Ich will aufstehen!« »Ja, Herr!« Und

Argus nimmt sanft den rechten Fuß des großen Petronius, um ihn in die Welt zu setzen.

Wer einen Dachschaden hat ... der ist freilich offen fürs Höhere.
Uwe Dick

Gesellschaft mit beschränkter Einsicht

CU, das steht heute oft unter E-Mails und kürzt »see you« ab. Auch *wir sehen uns* ist längst als Abschiedsgruß gebräuchlich geworden. Früher sprach man diese Ankündigung höchstens als Drohung aus nach dem Motto: *Man sieht sich immer zweimal im Leben!* Wem *die Augen* nicht gerade *aus dem Kopf fallen*, weil er einen schönen Mann oder eine schöne Frau erblickt, der *hat Durchblick*: auf Lateinisch *Perspektive*.

Wir alle sind – das macht schon diese kleine Auswahl klar – Augenmenschen, und unsere Sprache spiegelt das wider: Wir *hüten etwas wie unseren Augapfel, werfen ein Auge auf jemanden, riskieren ein Auge, haben ein Auge für oder liebäugeln mit etwas, schauen nach dem Rechten* und *sehen jemandem etwas nach*. Denken und Sehen verbinden sich in unserer Vorstellung oft, um nicht zu sagen, in jeder Hinsicht. Wir *erkennen* oder *blicken etwas*, und wir *durchschauen jemanden*. Außer er ist ein *Blender*, der uns mit falschen Tatsachen oder seinem blendendem Äußeren die klare Sicht beeinträchtigt; *blind* gehört übrigens zur selben Wortfamilie.

Nicht zu sehen kann dementsprechend bedeuten, dumm zu sein. Ein *Blindfuchs*, einer mit *Tomaten auf den Augen* kapiert eben vieles nicht. Und auch bei einem *Knick in der Optik* sollte er zusehen, dass ihm jemand den *Star sticht*, ihn also aufklärt, wie sich die Dinge wirklich verhalten, damit er *klar sieht und nicht friert*. Den letzten Ausdruck verwendete mein Vater oft und drohend, wenn er mir Grenzen setzte. Erklären konnte ich ihn mir nicht, aber meinen *Horizont* hat es sicher *erweitert*, diesen und viele andere Sprüche von ihm zu hören.

Jedenfalls bin ich nicht total beschränkt worden wie die Leute *mit einem Brett vorm Kopf.* Der Ausdruck ist fast boshaft, denn er bezieht sich auf widerspenstige Zugtiere: Um sie zahm zu halten, bekamen Ochsen früher zusätzlich zum Joch, dem hölzernen Teil des Geschirrs auf dem Nacken, ein Brett vor die Augen gehängt. Man hält also den mit dem Brett vorm Kopf nicht nur für begriffsstutzig, sondern zudem für einen störrischen Ochsen. Auch Pferde wurden übrigens in ihrer Sicht behindert, damit sie sich nicht von Bewegungen in ihren Augenwinkeln erschrecken ließen: die ebenfalls sprichwörtlich gewordenen *Scheuklappen.*

Immerhin sieht, wer mit Scheuklappen durchs Leben läuft, was vor ihm liegt. Er ist nicht be-, nur eingeschränkt in seiner Wahrnehmung. Glaubt man Frauen, trifft das auf 96,7 Prozent der Männer zu, und vielleicht ist tatsächlich der männliche Hang zum *Tunnelblick* ausschlaggebend für ihre Fähigkeit, sich auf den Augenblick zu konzentrieren. Etwas weniger vorteilhaft formuliert, könnte man das starke auch das vergessliche Geschlecht nennen, für das meist gilt: *aus den Augen, aus dem Sinn.*

Ende gut, alles gut – Versöhnungshilfen

1. »Das Kriegsbeil begraben«.
2. »Die Friedenspfeife mit jemandem rauchen«.
3. »Seinen Frieden mit jemandem machen«.
4. »Waffenstillstand schließen«.
5. »Die Wogen glätten«.
6. »Gnade vor Recht ergehen lassen«.
7. »Alles ist vergeben und vergessen.«
8. »Fünfe gerade sein lassen«.
9. »Verzeihung finden«.
10. »Wir sind ein Herz und eine Seele.«

Wenn mal wieder alles schiefgeht

Von 1947 bis 1949 führte man auf einem Stützpunkt der US Air Force, dem Muroc Field, Versuche unter dem Codenamen MX981 durch, um die Wirkung von Beschleunigungskräften auf den Menschen zu erforschen und sichere Sitze für Bomberpiloten zu entwickeln. Man benutzte hierfür einen Raketenschlitten, der extrem stark beschleunigt und abgebremst werden konnte.

Um die auftretenden Kräfte zu messen, hatte der Luftfahrtingenieur Edward A. Murphy ein spezielles Spannungsmessgerät erfunden. Doch beim entscheidenden Versuch zeigte das Gerät keine Ergebnisse an, wofür Murphy seinen Assistenten verantwortlich machte. Tatsächlich hatte der die Kabel falsch angeschlossen (was Murphy hätte verhindern können, wenn er sich die Mühe gemacht hätte, alles zu überprüfen). Trotzdem soll Murphy daraufhin gesagt haben: »Wenn er eine Möglichkeit hat, einen Fehler zu machen, dann wird er es tun.« Von Kollegen wurde der Spruch verkürzt aufgegriffen und spöttisch als »Murphy's Law« bezeichnet: »Was immer passieren kann, wird passieren.« Murphy selbst gab dem Wortlaut später so wieder: »Wenn es mehr als eine Möglichkeit gibt, dass jemand eine Sache erledigt und eine dieser Möglichkeiten in eine Katastrophe münden wird, so wird jemand es auf diese Weise tun.«

Wirklich bekannt wurde der Begriff *Murphys Gesetz* allerdings erst durch den Air-Force-Offizier und Arzt John Paul Stapp, der die Experimente überwacht hatte. Als man ihn auf einer Pressekonferenz fragte, wie es gelungen sei, bei den gefährlichen Experimenten ernsthafte Verletzungen zu vermeiden, meinte Stapp, das Team richte sich immer nach Murphys Gesetz: Man prüfe vorher, was alles schiefgehen könne, und versuche dem entgegenzuwirken.

Durchgesetzt hat sich jedoch nicht diese positive, fortschrittsgläubige Fassung, sondern eine leicht veränderte Variante der eher pessimistischen Formulierung Murphys: *Alles, was schiefge-*

hen kann, wird schiefgehen, und zwar zum schlimmstmöglichen Zeitpunkt. Inzwischen gibt es Bücher, zahlreiche Internetseiten und Aufsätze, die sich mehr oder weniger ernsthaft mit Murphys Gesetz beschäftigen. Und der Alltag scheint Murphy jeden Tag aufs Neue recht zu geben, wenn wieder einmal ein Brot auf die beschmierte Seite gefallen oder ein Computerprogramm kurz vor dem Speichern abgestürzt ist.

Murphys Nachfahren:

1. »Alles Gute im Leben ist entweder ungesetzlich, unmoralisch, oder es macht dick.«
2. »Lächle, denn morgen wird alles noch viel schlimmer.«
3. »Um ein Darlehen zu bekommen, muss man erst beweisen, dass man keines braucht.«
4. »Jeder kennt ein System, reich zu werden, aber keiner eines, das funktioniert.«
5. »Man hat niemals Zeit, die Dinge richtig zu machen, aber immer Zeit, sie noch einmal zu machen.«
6. »Die Natur ergreift immer die Partei des versteckten Fehlers.«
7. »Freunde kommen und gehen, Feinde aber sammeln sich an.«
8. »Um etwas sauberzumachen, muss etwas anderes dreckig werden. (Aber man kann alles dreckig machen, ohne etwas sauber zu bekommen.)«
9. »Nichts ist so leicht, wie es aussieht.«
10. »Alles, was gut beginnt, endet schlecht. Alles, was schlecht beginnt, endet furchtbar.«

Mein lieber Mann!

Der alte Mann ist müde. Mit seinen 85 Jahren hat er alles Recht dazu. Doch es ist nicht das Alter, das ihn niederdrückt, es ist das, was in seinem Heimatland, in seiner Heimatstadt geschieht.

Er hat sich in Berlin lange Jahre wohl gefühlt. Wie viele spannende Kämpfe um die Kunst hat er hinter sich! Wie viele Bilder gemalt, wie viele Freunde gefunden und – nicht zu vergessen – wie viele Freunde seiner Kunst! Das Leben hat es gut mit ihm gemeint, denn ein reiches Erbe macht ihn aller Sorgen frei. In seiner Malerei ist er produktiv geblieben, bis jetzt. Die offizielle Anerkennung kommt dazu: Zum Professor wird er berufen, zum Präsidenten und später zum Ehrenpräsidenten der Preußischen Akademie der Künste gewählt.

Aber nun ist der braune Mob los und der hysterische Gefreite tatsächlich zum Reichskanzler ernannt worden. Max Liebermann kann es nicht fassen. »Seniler Trottel!«, murmelt er vor sich hin und meint den Reichspräsidenten Paul von Hindenburg, der Hitler an diesem 30. Januar 1933 zum Reichskanzler ernannt hat. »So alt wie ich, aber nüscht mehr in der Birne als Stroh!« Liebermann hört Musik von ferne. Marschmusik. Einen Moment erinnert sie ihn an alte Preußenherrlichkeit, Geschrei und Gejohle belehren ihn jedoch eines Schlechteren: Es sind die Nazis. Er geht ans Fenster und sieht ihren Fackelzug kommen. Dann marschieren sie schon durchs Brandenburger Tor, direkt vor seinem Fenster.

Und während er auf die singenden Fanatiker unter ihm sieht, sagt Liebermann einen hellsichtigen Satz, der als Ausdruck tiefsten Widerwillens legendär werden wird: »*Ich kann gar nicht so viel fressen, wie ich kotzen möchte!*«

Pessimisten erleben nur positive Überraschungen.
Deutsches Sprichwort

Verbale Katastrophen

Es war ein guter Freund, der sich nach längerem Schweigen in einer Mail damit entschuldigte, *Gefühlstsunamis* seien über ihn hinweggestürzt. Darf man so etwas schreiben, oder ist das schon zynisch? Aber dann ist es ebenfalls zynisch, zu sagen *ich ertrinke in Arbeit* oder *ich fühle mich ganz erschossen*. Der Freund hatte eine Zeit hinter sich, in der ihn gewaltige Gefühlswogen wie Springfluten überschwemmten, und er wusste, dass wir das Bild verständen. Darauf kommt es an.

Unsere Ausdrücke für die kleinen und großen Katastrophen des Lebens reichen selten aus, ihr Ausmaß oder ihre Besonderheit zu erfassen. Schon das Wort *Katastrophe* bedeutete ursprünglich nur »Gegenzeile«, später dann »Umkehr« oder »Wende«. Weil sich in der Tragödie das Glück eines Helden meistens ab einem bestimmten Punkt wendet und er von da an dem Untergang geweiht ist, wurde für diese Wende die Bezeichnung Katastrophe gebräuchlich. Inzwischen wird dieser Theaterausdruck für Vulkanausbrüche, Schlammlawinen oder Großbrände verwendet. Und sprechen wir nicht manchmal, wenn wir ein Rendezvous verpassen, von einer Katastrophe?

Selbst das biblische Wort vom Weltuntergang *Apokalypse* steckt voller Widersprüche: Jugendliche verwenden es manchmal als positives Werturteil: »Das war echt apokalyptisch!« Warum auch nicht, man kann es immerhin so verstehen, dass nichts nachher mehr ähnlich gut sein könne wie das gerade Erlebte. Als Bandname und Filmtitel hat die Apokalypse schon gedient, dabei bedeutet das griechische Wort schlicht »Enthüllung« oder auch »Vision«. Das letzte Buch unserer Bibel heißt »Die Apokalypse des Johannes« und beschreibt eine beeindruckende und schreckliche Vision des Weltuntergangs. Deshalb wurde der Titel sprichwörtlich für Katastrophen, übrigens auch die Umschreibung *es ist noch nicht aller Tage Abend*, also noch Zeit bis zur Apokalypse und zum Jüngsten Gericht.

In Gefahr und größter Not bringt der Mittelweg den Tod.
Friedrich von Logau (1604–1655)

»Angeklagte, treten Sie vor!« fordert der Richter streng. Das verschüchterte Pärchen rückt zögerlich den Schranken des Gerichts näher. »Wollt Ihr noch etwas sagen?«

Katharina findet als Erste das Wort: »Mit so einem Mann kann man es nicht aushalten! Immer ist er betrunken. Zu nichts zu gebrauchen, der Schlappschwanz.« Das lässt sich Heiner nicht bieten: »Wie? Und deshalb musst du mir Hörner aufsetzen mit dem krummen Hund von Hausknecht! Dass dich der Teufel hol, du nichtsnutzige Hure!«

»Genug!« Der Richter erhebt seine Stimme. »Es soll Euer beider Schande allen sichtbar werden, nicht nur denen hier im Gericht. Deshalb verurteile ich dich, Heiner Herrlein, zu zwei Stunden Pranger und einem Gang durch den Ort mit den Schandzeichen. Und du, Katharina Herrlein, wirst neben ihm stehen und gehen!«

Gesagt, getan: Der Gerichtsdiener nimmt den Schandstein, der aussieht wie eine Flasche, und hängt ihn dem Mann um den Hals, während die Frau einen übergroßen Steinphallus tragen muss. So stellt man sie auf den Markt, wo der Pranger sich befindet. *Angeprangert* werden ihre Sünden also in sinnbildlicher, für alle erkennbarer Form, dann müssen sie mit dem, was man ihnen angehängt hat, durch den ganzen Ort ziehen. *Schwer tragen* sie *an ihrer Schuld.*

Nach diesem alten Rechtsbrauch heißt es noch heute *jemandem etwas anhängen*, was allerdings nichts mit *das hängt mir zum Hals heraus* zu tun hat. Vielmehr versteht der Volksmund Ärger, Aufregung oder Unzufriedenheit als etwas, das man *in sich hineinfrisst.* Und weil man es schlecht *verdauen* kann, *schlägt es einem auf den Magen.* Leicht steigt der Pegel dann an, und es *steht einem bis zum Hals*, wobei man auch gern sagt *mir steht's bis hier* und mit der flachen Hand die Oberkante Hals markiert. Wenn das Unangenehme noch höher steigt, dann ist es schlicht *zum Kotzen.*

> ### Für Streithähne:
>
> 1. »Das Kriegsbeil ausgraben«.
> 2. »Öl ins Feuer gießen«.
> 3. »Das Barometer steht auf Sturm.«
> 4. »Ein Prozesshansel sein«.
> 5. »Sich in die Wolle kriegen.«
> 6. »Die Drachensaat geht auf.« (In der Argonautensage entstehen aus gesäten Drachenzähnen plötzlich feindliche Krieger.)
> 7. »Einen Streit vom Zaun brechen«.
> 8. »Die streiten um des Kaisers Bart.«
> 9. »Mit jemandem ein Hühnchen zu rupfen haben«.
> 10. »Die beiden sind wie Hund und Katze.«

Der rauchende Teufel

Der Teufel begegnete einmal einem Straßenräuber, der stolz seine Flinte über der Schulter trug. Der Teufel wusste nicht, was dieses Ding wohl sein könnte, denn das Gewehr war gerade erst erfunden worden.

Da die Neugier eine Todsünde ist, verwundert es nicht, dass er bald fragte, was denn der Räuber da mit sich herumschleppe. »Es ist eine neue Art von Tabakspfeife«, antwortete der. Der Teufel wollte natürlich unbedingt einen Zug draus versuchen. Der Räuber setzte ihm die Flinte an den Mund, drückte ab und fragte, wie es ihm bekommen sei. Der Teufel schüttelte sich. Noch ganz gefasst, meinte er: »Recht neu und pikant.« Doch dann musste er so heftig niesen, dass er stöhnte: »Hu, ist das ein starker Tobak!«

Eigentlich spräche viel dafür, dass die Wendung *Das ist starker Tobak!* einfach aus der alltäglichen Erfahrung von früheren Schnupfern oder Rauchern stammte, die meist billigen, verschnittenen Tabak rauchten. Wenn sie dann besonders guten, schweren, starken Tabak bekamen, lobten sie ihn anerkennend mit dem Wort vom Tobak. Diese Erklärung passt aber nicht zur Bedeutung der Redewendung, denn die bezeichnet ja *ein starkes Stück* oder eine Frechheit – weshalb der Volksmund die Geschichte vom Teufel und dem Räuber erfand. Weil die teuflische Geschichte heute weitgehend vergessen ist, hört man inzwischen oft *Das ist harter Tobak!* Jetzt muss nur noch jemand eine schöne Geschichte mit Kautabak erfinden.

> *Als Tiger gesprungen und als Bettvorleger gelandet.*
> Deutsche Redensart

Auf den Hund gekommen

Till Eulenspiegel arbeitet einmal für einen Bauern in Einbek. Weil der in die Stadt muss, befiehlt er Eulenspiegel, einen neuen Biersud anzusetzen und dabei besonders sorgfältig den Hopfen zu sieden. Unglücklicherweise hat der Brauer einen Hund namens Hopf, den Eulenspiegel packt und in den Braukessel wirft – schließlich lautet die Akkusativform für das Braugewürz genauso wie die des Hundenamens: Hopfen. So stirbt der arme Hopf unter grausamen Zuckungen in der heißen Braupfanne – und überlebt nur als Redensart zum Ausdruck höchster Verwunderung: *Da wird ja der Hund in der Pfanne verrückt.* Dieses absichtliche Missverstehen und Wörtlichnehmen ist typisch für den lustigen Helden und seine sprichwörtlich gewordenen *Eulenspiegeleien*, die heute eher alberne, harmlose Streiche bezeichnen.

Obwohl es hier um einen gekochten Hund geht, hat die Geschichte nichts mit der seltsamen Bezeichnung für die Würstchen zu tun, die es in Möbelmitnahme-Ketten gibt und nach denen eine Erzählungssammlung von Ulrike Draesner benannt ist: den *Hot Dogs*. Die wurden erst im 19. Jahrhundert in den USA erfunden: Es begann mit der Liebe der Amerikaner zu Dackeln, die sie anfangs mit der deutschen Bezeichnung »Dachshund« riefen, was aber schwer auszusprechen war. Da lag es nahe, nach einem einprägsamen Spitznamen zu suchen. Wegen ihrer langen Form und der sehr kurzen Beine erinnerten Dackel die Amerikaner offensichtlich an Würste, und so nannte man die kleinen Hunde liebevoll »Wiener«, »Frankfurter« oder gleich »Sausage dog«, also »Wursthund«. Von hier war es nur noch ein kleiner Schritt, nun auch die Wurst als Hund, »dog«, zu bezeichnen, und die heiße Wurst eben als Hot Dog.

Du bist verrückt mein Kind, du musst nach Berlin!
Wo die verrückten Leute sind, da gehörst du hin!
Unbekannter Texter, Melodie nach einem Marsch
aus Franz von Suppés Operette »Fatinitza«

VI. Schöne neue Welten

Das Leben ist ein beschissenes adventure.
Aber die Graphik ist geil.

Unbekannter User

Viele neue Wörter, wenig neue Sprichwörter

Während Kleopatra 1800 Jahre nach ihrer Zeit in der Welt Napoleons und Goethes noch vieles wiedererkannt hätte, kämen alle drei zusammen in unserer heutigen Welt schon deshalb nicht zurecht, weil sie bis in den Alltag hinein technisiert ist. Selbst einfache Wendungen wie *Hat es bei dir gefunkt?* oder *Der hat eine lange Leitung!* verstünden sie nicht. Mit der Industriellen Revolution und den Maschinen, mit der Elektrifizierung der Gesellschaft, mit dem Auto, dem Computer, Handy und Internet hat sich auch die Welt der Worte gewandelt.

Sprache reagiert auf Neuerungen natürlich nicht sofort. Jahrhundertealte Redensarten blieben bis heute en vogue, obwohl der Schmied, der *das Eisen schmiedet, solange es heiß ist*, längst aus unserem Alltag verschwunden ist.

Originelle Sprichwörter und Redensarten zu den neuen Kommunikationstechniken dagegen gibt es noch nicht so viele. Natürlich fachsimpeln Kinder auf dem Schulhof über Gigabytes und Graphikkarten oder Geschäftsreisende im ICE über Buchhaltungsprogramme und die Vorzüge ihrer Palms, der Westentaschenbüros von heute, aber meistens bleibt es bei einfachen Vokabeln in schlicht schlechtem Denglisch: *streamen* (für sprudelnde Informationsfluten), *upgedated* (wenn man jemanden oder etwas auf den aktuellen Stand gebracht hat); ein Wort wie *simsen* ist dagegen richtig schön, weil es nach zauberhafter Kommunikation à la Simsalabim klingt. Und vielleicht heißt es ja mal irgendwann »das muss ich mir rot im Notebook anstreichen«, wobei der heute gebräuchliche Ausdruck *sich etwas rot anstreichen* auf die roten, großen Buchstaben zurückgeht, die man früher in Handschriften zur Hervorhebung am Anfang eines Abschnittes oder Kapitels malte. Vom lateinischen Wort für rot, »rubrum«, kommen auch das *Rubrizieren* und die *Rubrik.*

Im Gegensatz zur Handschriftkultur, die Tausende Jahre bestand, entwickeln sich heute manche technischen Neuerungen ebenso rasch, wie sie wieder verschwinden. Für neue Redensarten reicht es da oft nicht: Gut Ding will schließlich Weile haben!

Der Computer allerdings hat sich in unserem Alltag so breitgemacht, dass er auch sprachproduktiv werden konnte. Eine Freundin erzählte mir, wie sie beim Betreten einer Kneipe richtiggehend *gescannt* wurde. Das Wort passt wunderbar in die biometrische Hysterie unserer Zeit und zu den abtastenden Blicken potentieller Konkurrentinnen oder erotischer Partner. Oft schon habe ich die Ausdrücke gehört *meine Festplatte ist gecrasht* oder *totaler Systemfehler,* wenn junge Leute *mit ihrem Latein am Ende waren.* So nannte man das Nicht-mehr-weiter-Wissen früher, weil viele mit lateinischen Zitaten gelehrt taten, auf Nachfrage aber außer diesen kein Latein konnten. Auch *noch mal langsam zum Abspeichern* begegnet einem nicht selten, und erst recht: *Das kannst du löschen!*

Jeder dieser neuen Ausdrücke ist ebenso verständlich wie anschaulich. Vielleicht dauert es nur noch ein paar Jahre, bis Hunderte neuer Sprichwörter und Redewendungen entstanden sind, die mit unserer schönen neuen Technikwelt zu tun haben. Der Baukasten am Ende des Buches bietet dazu Mittel und Wege. Es geht ja manchmal ganz einfach, indem man alte Ausdrücke unserer Zeit anpasst: Statt *den Wald vor lauter Bäumen nicht sehen* hörte ich kürzlich schon: *Ich seh' das Bild vor lauter Pixeln nicht.*

Wenn einen eine Sache erschreckt, ist es
eine gute Idee zu messen.

Daniel Kehlmann

Der Mensch als Maschine

Wenn ich mal wieder *unter Strom stehe, mir der Kopf raucht* oder
mein Freund und Radamateur Matthias fordert, ich solle *einen
Zahn zulegen,* dann denke ich daran, wie klein doch der Schritt
vom Menschen zum *Roboter* ist. »Robot« heißt in den slawischen
Sprachen einfach »Arbeiten«. Josef und Karel Čapek erfanden
1924 den Ausdruck Roboter für menschenähnliche Maschinen-
wesen, die in einem Theaterstück Karel Čapeks als Arbeitsskla-
ven in einem Spezialgefäß herangezüchtet werden. Commander
Data aus »Star Trek« ist ihr hochentwickelter Nachfahre, wenn-
gleich er *Android*, also »Menschenähnlicher«, genannt wird.
Diese Bezeichnung wäre auch für die Roboter der Čapeks
eigentlich treffender gewesen. Der Begriff Roboter wurde nämlich schnell auf Maschinen übertragen, die nicht unbedingt
menschlich aussehen mussten, sondern vor allem selbständig
arbeiteten – was heute am Fließband Schweißpunkte setzt oder
fräst und dreht, hat zwar Arme, aber keine Beine, hat zwar Sen-
soren aller Art, aber kein Gesicht.

Etwas unheimlich sind sie uns wohl in beiden Fällen, die
künstlichen, technischen Wesen. Schon in »Tausendundeiner
Nacht« gibt es sie, doch erst der französische Philosoph Julien
Offray de La Mettrie machte klar, dass der Mensch selbst nicht
anders funktioniere als eine Maschine. Tatsächlich: Er braucht
Treibstoff wie sie, er stößt Reste desselben aus wie sie, er er-
müdet wie sie, wenn auch früher, er agiert auf Grund eines Reiz-
Reaktions-Schemas wie sie. Selbst seine Gefühle, seine Motive
sind als mechanische oder chemisch-elektrische Prozesse er-

klärbar. So heißt La Mettries berühmtestes Werk »L'homme Machine«, »Der Mensch eine Maschine«. Obwohl die Theologen und Philosophen das Buch verdammten, machte der Volksmund sich das Bild vom *Maschinenmenschen* schnell zu eigen, und es ist bis heute quicklebendig.

Der Strom ist als Metapher für Körperfunktionen besonders beliebt: Da *ist jemand auf Draht,* wenn er Situationen schnell erfasst und sich zunutze macht, und *hat einen heißen Draht zu jemandem,* also eine gute Verbindung. Jedenfalls so lange, bis er *einen Kurzschluss hat* oder *eine Kurzschlusshandlung begeht,* weil ihm *die Sicherung durchgebrannt ist.* Andere haben *eine lange Leitung* oder *stehen auf ihr,* oder sie *haben* sogar *einen Blackout,* wie einst Kanzler Kohl, der sich damit aus einem Korruptionsskandal rettete. Schöner ist es, wenn es zwischen zweien *eine knisternde Spannung* gibt, es zwischen ihnen *gefunkt hat,* weil sie *die gleiche Wellenlänge haben.* Manchmal *brennen* dann auch zwei *miteinander durch,* wenn vorher nicht schon *Funkstille herrscht,* weil man doch keine *Antennen füreinander hat* oder jemand *dazwischenfunkt.* Die Liebe fließt ja wie ein Strom und stellt, gleich dem Sprechfunk, blitzschnell von einem zum anderen eine Verbindung her.

Auch Begriffe aus der Mechanik, der Automatenwelt oder früheren Zeiten der Industrialisierung prägen unsere Sprache: Wie ein Automat nur auf Geldeinwurf reagiert, muss bei manchen erst *der Groschen fallen,* vor allem wenn *bei ihnen eine Schraube locker ist:* als wären sie ein defektes Gerät. Man *macht jemandem Dampf,* um ihn *auf Touren* (Umdrehungen) *zu bringen,* damit er am besten *noch einen Zahn* (an einem Zahnrad nämlich, das dann mehr antreibt) *zulegt* und *mit Volldampf* seine Aufgaben *unter Hochdruck* erledigt. Das hat mit den alten Dampfmaschinen und speziell den beliebten Lokomotiven zu tun, in denen der Druck des Wasserdampfes die Leistung brachte. Wenn man dann *in Fahrt ist* und nicht *durchdreht* wie die Eisenreifen einer Lok zu

Beginn ihrer Fahrt auf dem Gleise, kann man schnell *auf achtzig*, *auf hundert* oder *180 sein*; die Zahl stieg übrigens im Laufe der Jahrzehnte parallel zur Geschwindigkeit von Autos und Zügen. Am Ende kann man dann hoffentlich *Dampf ablassen*, wie eine Lokomotive, die den Heimatbahnhof erreicht hat.

> *Sollen auch alle sich schämen, die gedankenlos sich der*
> *Wunder der Wissenschaft und Technik bedienen, und*
> *nicht mehr davon geistig erfasst haben als die Kuh von*
> *der Botanik der Pflanzen, die sie mit Wohlbehagen frisst.*
> Albert Einstein

Die Geschichte vom Pferd

Zehn Jahre lang versuchten die Griechen, die Mauern Trojas zu überwinden: vergeblich! Da ersann Odysseus, einer ihrer Heerführer, eine List: Er ließ ein riesiges Pferd bauen, ein Holzstandbild auf Rädern, groß genug, um sich selbst und weitere mutige Krieger darin zu verstecken. Nun musste es nur noch gelingen, die Gegner dazu zu bringen, das Pferd in die Stadt zu ziehen.

Also bestieg der Rest der Griechen die Schiffe und segelte davon, als kehrten sie entnervt nach all den Jahren endlich heim. Tatsächlich begaben sie sich jedoch bloß außer Sichtweite. Ein Verwandter von Odysseus namens Sinon blieb zurück. Als die Trojaner – zwischen Freude über den unverhofften Sieg und Zweifel schwankend – die Umgebung erkundeten, stießen sie auf das riesige Pferd und wenig später auf Sinon. Der tat wütend und erzählte, die Griechen hätten ihn den Göttern opfern wollen, er hätte gerade noch fliehen können.

Weil er anscheinend die Griechen hasste, vertrauten die Trojaner ihm, als Sinon ihnen erklärte, dass die Griechen glaubten, den Zorn der Göttin Pallas Athene erregt zu haben, und ihr das

Pferd als Weihegeschenk dargebracht hätten, um sie zu besänftigen. Absichtlich sei es so groß gebaut worden, damit die Trojaner es nicht in ihre Stadt schleppen könnten.

Die Trojaner *ließen sich diese Geschichte vom Pferd erzählen* und brachten es in ihre Stadt. In der Nacht stiegen Odysseus und die Seinen aus ihrem Versteck, öffneten den zurückgekehrten Griechen das Tor und schlachteten die Trojaner ab.

Ob Programmierer heimtückischer Schadprogramme, die in ihrer Funktion dem *Trojanischen Pferd* gleichen, diese Geschichte kannten? Die modernen *Trojaner* gelangen, in anderer Software versteckt, auf den Rechner, wo sie gleichsam verheerenden Schaden anrichten. Ihre geläufige Bezeichnung als Trojaner statt Trojanisches Pferd ist natürlich Blödsinn, aber gegen die Liebe und die Faulheit ist kein Kraut gewachsen.

In jedem Fall sollte man sich im Internet keine Story vom Pferd erzählen lassen, sondern lieber das Sprichwort umformulieren: *Einem geschenkten Gaul schaut man tief ins Maul!*

PS: Den Trojanischen Krieg hatte übrigens ein Familienzwist auf dem Olymp ausgelöst. Weil Eris, die Göttin des Streits, zu einem Fest nicht eingeladen war, warf sie einen Apfel zwischen die schwesterlichen Göttinnen Athene, Hera und Aphrodite. Der sollte der Schönsten gehören. Logischerweise ging darauf der Streit los. Weil sich die drei nicht einigen konnten, fragten sie beim schönsten Mann nach, dem trojanischen Königssohn Paris. Aphrodite versuchte es bei ihm mit Bestechung und war erfolgreich: Sie versprach ihm die schönste Frau auf Erden. Das war Helena, die aber leider schon vergeben war. Paris sprach dennoch Aphrodite den Apfel zu, die daraufhin Helena in ihn verliebt machte. Paris entführte sie, der Krieg begann. Und alles wegen eines Apfels: des *Zankapfels*.

Technisch-elektronische Redewendungen:

1. »Einen Röntgenblick/Röntgenaugen haben«: alles durchschauen.
2. »Das hat ganz schön Umdrehungen.«: für hochprozentige Alkoholika; weil sich nach deren Verzehr schnell alles dreht.
3. »Netiquette«: Verhaltensnormen im Internet.
4. »Microsoftie«: Schimpfwort.
5. »Gummi geben«: schnell verschwinden; kommt vom Kavaliersstart, bei dem in niedrigem Gang viel Gas gegeben wird, so dass die Reifen durchdrehen.
6. »Initialzündung«: Gebraucht wie »zündende Idee« oder auslösendes Ereignis, kommt der Ausdruck eigentlich von Explosivstoffen, die erst mit Hilfe einer Hilfsexplosion zur Detonation gebracht werden können. Populär wurde der Ausdruck durch Alfred Nobels Erfindung, das extrem explosive Nitroglyzerin in Kieselgur zu binden. Erst durch die Initialzündung explodierte die neue, dadurch viel sichere Mischung: das – wiederum sprichwörtliche – Dynamit.
7. »Das müssten wir erst mal erden«: Kommt nicht von der Erdung, die den Strom abfließen lässt, sondern eher von erdverbunden, also einfach, natürlich, nicht abgehoben.

Mister Grün

Ein paar Jahre arbeitete ich in einer Universitätsbibliothek: schön am Fluss gelegen, gegenüber die sehenswerte Altstadt Bambergs, fleißige, wissbegierige Studenten darin und – vor allem – Stille: Bis nachmittags der Kurierfahrer mit den bestellten Büchern kam und sein munteres »*Alles im grünen Bereich?*« rief, dass man es noch zwei Stockwerke höher hören konnte.

In die Sprichwörterbücher fand dieser Ausdruck übrigens erst in den letzten zwanzig Jahren, obwohl er auf Messinstrumente zurückgeht, die viel älter sind. An Druckanzeigern (*»Manometer«*, sagte mein Vater noch, wenn er sich ärgerte, was eine Variante von *Mann, o Mann!* war), Thermometern für Maschinen etc. wurden seit hundert Jahren die Werte im Normbereich grün, die darüber rot dargestellt. In heutigen Autos signalisiert dagegen meist der blaue Bereich: »Alles in Ordnung«.

Zehn Jahre nach dem Ende meiner Arbeit als Bibliothekar bin ich immer noch oft am selben Ort, um zu recherchieren. Und irgendetwas fehlt mir, wenn mal ein anderer Kurierfahrer Dienst hat.

Vom Überleben der Technik in der Redensart

Abgehackte Sätze. Kaum fünf Worte. Das ist *Telegrammstil*. Wann bekamen Sie Ihr letztes? Eben! Schluss mit Telegrammen. Ende 2005 in Österreich abgeschafft. Anfang 2006 in den USA. Der Ersatz: E-Mail und Fax. Spinner können hierzulande noch telegraphieren. Zu einem stolzen Preis: Minitelegramm (bis zehn Wörter) 15,30 Euro. Man kann es online aufgeben. Auslieferung am nächsten (!) Tag. Im Wort Telegrammstil lebt es fort. Wahrscheinlich noch viele Jahre. Wg. SMS! Klar!? ;-)

Ob das für *Kannst du mal 'ne andre Platte auflegen?!* auch gilt? Mindestens solange DJs mit Vinyl-Scratchen die Tanzenden *anheizen* (übrigens noch eine Mensch-Maschine-Dampf-Metapher). Auch *einen Film dreht* man ja nach wie vor, obwohl die Handkurbelkamera schon vor fünfzig Jahren außer Gebrauch kam. Ausgestorben ist dagegen ein Spruch, der vor zehn Jahren noch beliebt war: *jemandem eine Kassette ins Ohr schieben* – was man heute *jemanden zutexten* nennt, da niemand mehr Kassetten benutzt.

Manche Redensarten verschwinden also mit dem technischen Fortschritt, aber es dauert seine Zeit. Immer noch *hecheln wir*

Leute durch oder Themen, obwohl Hanf und Flachs längst von Maschinen und nicht mehr mit dem Hechel gekämmt werden: Noch im letzten Jahrhundert hantierte man mit dem vielzinkigen Hechel, um Hanf- und Flachsfasern zu glätten, zu reinigen und zu trennen. Und weil das mühselig war und lange dauerte, tratschte man dabei über alle möglichen Leute und Geschehnisse.

Wir sprechen auch noch vom *Sand im Getriebe*, obwohl die Zahnräder in der Regel längst staubgeschützt vor sich hin schnurren. Vielleicht hält sich also auch der Ausdruck *an der Strippe hängen* oder die sprichwörtliche *lange Leitung* noch Jahre, obwohl es Handys und schnurlose Telefone gibt *wie Sand am Meer*.

Um manches ist es schade, um die Wählscheibe zum Beispiel. Als ein kleiner Junge bei uns zu Besuch war und seine Eltern anrufen wollte, konnte er sie nicht mehr bedienen. Er stand hilflos vor dem alten Apparat. In dem Film »Tote tragen keine Karos« gibt es eine schöne Gebrauchsanweisung, die Steve Martin von der schönen Rachel Ward gehaucht hört. Um ihretwillen bedaure ich, dass die Wählscheibe aus dem Alltag und dem Wortschatz verschwindet: »You know how to dial? Put your finger in the hole and make tiny little circles.«

> »*Technik ist die Anstrengung, Anstrengungen zu ersparen.*«
> José Ortega y Gasset

Flipper ist unser bester Freund

Vor vierzig Jahren konnte jedes Kind den Song vom klugen Delphin singen, so beliebt waren die Serie »Flipper« und ihr Titellied »Flipper ist unser bester Freund«. Immerhin hat sie dazu geführt, dass *Flipper* heute noch als Synonym für Delphin verwendet wird. Schwimmt das Tier auch noch so flott durch die Wellen, hat es dennoch mit dem *Herumflippen* nur indirekt zu tun: Der Delphin hat Flossen, und deren Auf- und Abbewegungen gleichen denen der Hebel am Flipperautomaten, mit denen man die Metallkugel vor dem Fall ins Aus bewahren und wieder ins Spielfeld schleudern kann. Dort springen sie dank elektrischer Kontakte wild hin und her. »To flip« bedeutet ja auch, etwas mit Schwung und Effet in die Luft zu schleudern. Aus beidem zusammen entstand das Wort für unruhige, unberechenbare, meist junge Menschen: *flippig.* Heute ist flippig vor allem für Leute, die sich stets nach der jüngsten Mode richten, und ausgefallene Kleidung geläufig.

Ist einer jedoch außer sich, also *ausgeflippt*, versucht er womöglich, den Flipperautomaten zu manipulieren, indem er ihn hochhebt oder ihm einen Schlag versetzt, um die Kugel im Spiel zu halten. Das löst den »Tilt«-Mechanismus aus, der das Spiel sofort beendet: »Tilt« heißt »Neigung«, als Verb bedeutet es »kippen« oder »verkanten«. Daher kommt der Ausdruck *Ich bin/fühle mich total tilt*, also »ganz am Ende«.

Der Delphin namens Flipper war das so gut wie nie, er blieb stets munter und gutgelaunt und zeigte seine Kunststücke. Zu den einfachsten gehörte es für ihn, seinen menschlichen Freund mit Handschlag zu begrüßen. Eine entsprechende Redensart, die es auch im Deutschen schon vor Flippers Zeiten gab, lautet: »Tip us your flipper!«, *Reich mir die Flosse!*

Die beliebten Flipcharts schließlich nennt man so, weil man darauf das Blatt nach hinten wenden kann: »To flip« bedeutet auch »wenden« oder »drehen«. Daher stammt noch die Bezeichnung für den *Flip*, eine Drehfigur beim Eiskunstlauf, und manche Cocktails mit Eis heißen Flips, weil sie heftig gerührt werden.

Unangenehme Sitzplätze

Zur Entwicklung des Flugzeugs gehörte auch der Flugzeug-absturz. Der verlief oft tödlich, wie beim Flugpionier Otto Li-lienthal, als er mit seinem Gleitapparat ins Schleudern geriet. Spä-teren Kollegen half ein Fallschirm, aber als die Kisten immer schneller flogen, fehlte die Zeit zum Aussteigen. Und selbst wenn sie reichte, verfing sich der Fallschirm leicht mit tödlichen Folgen im Leitwerk. Viele Jahre mühten sich die Ingenieure ver-gebens, doch 1940 hatte man endlich in Deutschland eine Lö-sung gefunden: den Schleudersitz. Da die deutschen Maschinen von den überlegenen der Engländer häufig abgeschossen wur-den, rettete er vielen Piloten das Leben: Im Notfall genügte ein Knopfdruck, das Kabinendach wurde abgesprengt, und kurz dar-auf katapultierte ein Mechanismus Sitz und Mann weit nach oben, fort vom fallenden Flugzeug. Automatisch öffnete sich dann der Fallschirm, und der Pilot (was in der Seemannssprache ursprünglich »Steuermann« hieß) schwebte sicher der Erde entgegen.

Heute verwendet man den Ausdruck *das ist ein echter Schleu-dersitz* so, als befände sich der Auslöser in Reichweite des Vor-gesetzten oder der Mehrheitsaktionäre. Aus der Rettungs-vorrichtung ist ein höchst unsicherer Posten mit eingebauter Abschussvorrichtung geworden, fast schon ein Elektrischer Stuhl.

Von Erfolgen und Misserfolgen

Immer wenn jemand sagt: *Die Stimmung war auf dem absoluten Nullpunkt.*, denke ich an minus 273,15 Grad Celsius – ein Wert, der mich seit Schultagen fasziniert. Kälter geht es nicht. Selbst der Weltraum ist deutlich wärmer. Sogar die Molekularbewegung hört auf. Zum Glück lässt sich dieser absolute Nullpunkt (der null Grad auf der Kelvin-Skala entspricht) nur in der Theorie erreichen, und natürlich kenne ich auch das Gegenteil: Wilde Abende, an denen man zu *heißer Musik abhottet*, während sich *die Stimmung dem Siedepunkt nähert*.

Man muss nicht jede Redewendung auf ihre physikalische Stimmigkeit überprüfen. Aber man kann: Der beliebte *Quantensprung*, den Autofirmen oder Waschmaschinenhersteller mit der Entwicklung eines neuen Produkts gemacht haben wollen, ist, genau genommen, Quatsch. In der Schule lernt man, dass sich das Energieniveau von Atomen sprunghaft ändert, und bei diesem Quantensprung werden winzige Mengen Licht abgestrahlt oder absorbiert. Mit einer Entwicklung hat der neutrale Ausdruck, der aus der US-Werbesprache als »quantum leap« in der Bedeutung »Riesenschritt« in unseren Alltag kam, jedoch nichts zu tun, erst recht nicht mit großem Fortschritt: Springen die Atome doch nur einen Millionstel Zentimeter weit.

Mit der *Schallmauer* ist es ähnlich: Die zu *durchbrechen* klang nach Fortschritt, denn Düsenjäger-Ingenieure hatten lange daran zu arbeiten, bis ihre Flugzeuge *schneller als der Schall* flogen, was den armen Leuten auf der Erde einen Überschallknall bescherte. Wenn aber in Zeitungen steht, Preise, Aktien, Löhne hätten die Schallmauer durchbrochen, hört sich das doch reichlich seltsam an – vor allem, wenn von dieser Mauer gesprochen wird, als könne man sich an ihr den Kopf einrennen.

Zum Glück verglühen solche Modeausdrücke wie Sternschnuppen, die auch den *Shooting Stars* ihren Namen gaben. Manchmal verschwinden die allerdings so schnell wieder, dass man sich nicht einmal etwas wünschen kann. *Die feurigen Tränen des Sankt Laurentius* nennt der Volksmund die Sternschnuppen übrigens, wenn sie zu einem Meteoritenschwarm gehören, der die Erde zwischen dem 9. und 14. August passiert. Am 10. August aber hat der heilige Lorenz Geburtstag. Er wurde als Märtyrer auf einem Rost gegrillt.

Zwei Dinge sind unendlich: das Universum und die menschliche Dummheit. Aber beim Universum bin ich mir noch nicht ganz sicher.

Albert Einstein zugeschrieben

Gas geben

Das meiste muss heute möglichst schnell gehen, *Tempo, Tempo* ist die Devise unserer Zeit – was vom lateinischen Wort für Zeit, »tempus«, kommt. Wer *mit der Zeit geht*, interessiert sich weniger für Dauerbrenner – so hießen besonders effiziente Öfen –, sondern mehr für Nachbrenner, die die Leistung von Strahltriebwerken erhöhen. Die sind wiederum mit dem Turbolader verwandt, der die Abgasenergie nutzt, um mehr Luft unter erhöhtem Druck in die Brennkammer zu pressen. Hundert Jahre alt ist die Idee, aber erst, als VW den populären Golf damit ausstattete, wurde *turbo-* zum weit verbreiteten Verstärkungswort: In den Achtzigern wollte man nach Zeiten des Sparens und der Krise wieder Gas geben und Spaß haben, mit »kickdown« auf die Überholspur, mit »overdrive« dort bleiben, und die *turbogeile* Geschwindigkeit auskosten. Der Sänger Marcus brachte den Reim *Ich geb Gas, ich will Spaß* zu Zeiten der »Neuen deutschen Welle« unters Volk.

Wenn einige es besonders toll trieben, hörte man damals vereinzelt sogar wieder das alte Wort *bis zur Vergasung*. Als angeblicher Nazi-Ausdruck war die Wendung jahrzehntelang verpönt, obwohl sie spätestens von den Chemikern des 18. Jahrhunderts verwendet wurde. Sie bezeichneten damit die Änderung des Aggregatzustands fester Stoffe, die unter großer Hitze vergasen. Dass man *in Hitze gerät*, wenn man sich bei etwas besonders anstrengt, ist ebenfalls altbekannt.

Soll man nun die Redensart vergessen, weil man sie auf den systematischen Massenmord des »Dritten Reichs« durch das

Vergiften mit Gas beziehen könnte? Wie steht es mit *Jedem das seine* und *Arbeit macht frei*, alten Sprichwörtern, die an den Toren von KZs zu lesen waren? Wenn man dann noch erfährt, dass Häftlinge in die Balken der KZ-Baracken die an diesem Ort widerlich zynischen Sprüche *Reden ist Silber, Schweigen ist Gold* und *Leben und leben lassen* einschnitzen mussten? Aber soll man den Nazis den Triumph lassen, indem man sich die Worte verbietet? Einfache Antworten gibt es nicht.

Volles Rohr

Seit den Neunzigern sind im Deutschen lauter *line*-Wörter gebräuchlich, wie *Airline, Skyline, off-* oder *online, Inline-Skater*, die *Help-* oder *Hotline*, wo man zu hohen Preisen meistens schlechte Musik hören kann, oder die *Pipeline*. Gas oder Öl kam ja auch immer häufiger durch die langen Leitungen. Verständlich, dass man den alten Ausdruck *etwas in der Hinterhand haben*, der vom Fechten kommt und zum Beispiel einen hinterm Rücken versteckten Dolch bezeichnete, durch das modern klingende *ich hab noch was in der Pipeline* ersetzte. Die Wendung kommt aus dem Englischen und bedeutet dort als »something is in the pipeline« eigentlich »etwas ist in Vorbereitung«.

Seit circa zwanzig Jahren hört man immer öfter von einer weiteren weißen, pulvrigen Linie, für die manche Promis, Politiker, Sportler und Fußballtrainer eine ganz besondere Nase haben und *sich* deshalb *eine Line gönnen*.

»Warum in die Ferne schweifen, wenn das Gute liegt so nah?«

Manchmal wundere ich mich, wie erklärungswütig die Welt geworden ist, wobei oft mit mehr Kreativität als Wissen zu Werke gegangen wird: So hörte ich neulich im Fünfer-Bus, wie ein Mann einer Frau den Ausdruck *etwas auf dem Schirm haben* damit erklärte, dass man etwas auf dem Computerbildschirm vor sich habe. Klingt gut, aber knapp daneben ist auch vorbei. Ein paar Jahrzehnte vor dem Computer mit Bildschirm verbreitete sich der Radar als ein Ortungsverfahren mit Hilfe von Funkwellen. Was man auf dem Radarschirm hatte, nahm man wahr und hatte man somit unter Kontrolle.

Und dann gab es noch den Fachberater eines nicht blöden Elektroniksupermarktes, der allen Ernstes erklärte, *da ist der Wurm drin* komme von der bösen »Schadware« im Computer. Offensichtlich überleben die kleinen Tiere in den Äpfeln einfach zu selten.

Hinter diesen überzeugenden Falscherklärungen steckt natürlich ein einfaches Prinzip: Was man täglich vor Augen hat, hält man leicht für ursprünglich. So kam es auch, dass eine ausländische Bekannte mich anstrahlte, weil ihr endlich aufgegangen war, woher der Ausdruck vom *Sprung in der Schüssel* kommen müsse: von einer kaputten Parabolantenne. Dabei stammt er von der Bezeichnung des Kopfes als Behältnis, für das Gehirn nämlich. Im Lateinischen hieß »cuppa« »Becher«, im Italienischen »coppa« »Gefäß«. Das germanische Wort »Haupt« wurde erst im 16. Jahrhundert von dem romanisch beeinflussten Wort »Kopf«, quasi dem »Hirngefäß«, verdrängt. Wer einen Sprung in der Schüssel hat, hat also ein beschädigtes Denkgefäß.

*Der Computer ist eine spirituelle Maschine, mit der
man fast so schnell schreiben wie denken kann.*

Umberto Eco

Cut

Wenn zuviel Alkohol im Spiel ist oder die Erinnerungen zu unangenehm werden, dann tritt schon einmal ein *Blackout* ein: ein Begriff, der vom Stromausfall kommt, wenn leuchtende Städte plötzlich schwarz werden. Der bunte Film des Lebens, gerade noch vor den Augen laufend, reißt. Keine Erinnerung hat man mehr, was danach geschah.

Sollte die Digitaltechnik in den Kinos die mächtigen Rollen mit zwei Kilometer Filmmaterial und mehr – man benötigt 24 Einzelbilder, um eine Sekunde Film zu zeigen – ersetzen, wird der Ausdruck vom *Filmriss* vielleicht auch verschwinden. Noch bedauerlicher wäre allerdings der Verlust der scharfen und strahlenden Bilder.

VII. Freunde, Feinde, Familie

Ein besonderes Familienerbe

Meine Schwiegermutter ist eine kluge Frau. Immer wieder überrascht sie mich mit kuriosen Redensarten und Sprüchen wie: »Bei dir muss ma des Mai' noch extra derschlogn!« Sie wuchs in der Nähe von München auf, ich bin gebürtiger Hamburger, aber soviel Bayerisch verstehe ich doch: *Bei dir muss man das Maul noch extra erschlagen.* Ich mag die Direktheit und Kraft ihrer Ausdrücke, zumal sie mit so viel Wärme gesprochen werden, dass man nicht böse sein kann, selbst wenn es heißt: »Geh, Bernhard, erzähl ned so an Schmarrn!«

Als ich sie befragte, woher sie all diese Worte kenne, erzählte sie von ihrer Großmutter, die die Sprichwörter fast wie Mantras gebrauchte. Wo sie ging und stand, sprach sie in Redensarten, Bauernweisheiten und Bibelsprüchen – von morgens bis abends (ich gebe sie hier in vorsichtiger Lautschreibung wieder, denn die ist bei Dialekten eine Wissenschaft für sich und oft Glückssache): *Vögel, die morgens pfeifen, holt abends die Katz. – Du kannst dir nix von zwölfe bis Mittoch merken. – Man soll den Tag nicht vor dem Abend loben. – Abendrot, Schlechtwetterbot.* Sie trösteten sie und gaben ihr Halt. *Der Herr hat's geb'n, der Herr hat's g'nommen.* Und statt über unangenehme Zeitgenossen zu schimpfen, reichte ihr ein: »Von dene kannst ein'n mit'm andern derschlogn«, *Von denen könntest du einen mit dem anderen erschlagen.* Wenn etwas unnötig war, meinte sie: »Des is *überflüssig wia a Kropf.«* Und wenn sie sich konzentrierte: »Da musst *aufpass'n wie a Haftlmacher.«* »Haftln« nennt man im Süden die Häkchen, mit denen Kleidung zusammengehalten wird. Bei ihrer Fabrikation hat man sehr aufmerksam zu sein: Einerseits müssen die Haken und Ösen gut zueinander passen, andererseits sind die Haftln oft, beispielsweise für reizvolle Mieder, winzig und deshalb nicht leicht herzustellen.

Am schönsten finde ich einen liebevollen Spruch, den sie meiner Schwiegermutter tröstend sagte, wenn die als kleines Kind Tränen vergoss: *»Wein nur, dann musst weniger pieseln!* (»pieseln« heißt übrigens »pinkeln«) Wenn ich von dieser Wendung erzähle, *bleibt kein Auge trocken!* (Übrigens ein leicht verändertes Geflügeltes Wort aus Schillers Ballade »Die Bürgschaft«: »da bleibt kein Auge tränenleer.«)

Es gibt in jeder Familie besondere Sprichwörter und Redensarten. Selbst wenn sie bekannt sind, haben sie im inneren Kreis einen ganz eigenen Klang. Es lohnt sich, dieses Erbe aufzunehmen und weiterzugeben. Bei uns daheim hieß es zum Beispiel in erinnerungsträchtigen Momenten: *Luther, Goethe, Schiller: tausend Assoziationen steigen in mir auf.* Oder wenn wir ein Stück von einem Paar verloren hatten, beispielsweise einen Handschuh, dann warfen wir den anderen mit den magisch-unverständlichen Reimworten *Bruder sucht den Duder* rückwärts über die Schulter. Wo der landete, fanden wir manchmal beide wieder.

Zu meiner Schwiegermutter sagte übrigens eine polnische Bekannte einmal: *Sie kommen mit den Schuhen in den Himmel.* In Polen bedeutet das, sie kommt nach dem Tod sofort ins Paradies.

> *In der Liebe kennt man sich, weil man sich liebt. In der Freundschaft liebt man sich, weil man sich kennt.*
>
> Poesiealbumvers

Brüderliche Aufsicht

Diese Diktatur gibt sich familiär, sie unterhält ein »Ministerium für Wahrheit« und sogar eines für »Liebe«. Die Menschen sollen alles gemeinsam unternehmen, selbst die Ansprachen des Diktators müssen sie sich zusammen auf Großbildschirmen ansehen. Ihre Überwachung ist total. Die »Gedankenpolizei« weiß alles. Ein Ausbruch aus dem streng geregelten Paradies ist unmöglich.

1948 veröffentlichte George Orwell seine düstere Zukunftsvision unter dem Titel »1984«. Aber der Roman war weniger Science-Fiction als eine wütende Warnung vor den Zuständen im stalinistischen Russland. Niemand sollte in dem Diktator mehr einen liebenden Landesvater sehen, wie ihn die russische Propaganda nimmermüde pries und ihn mancher europäische Intellektuelle wahrnahm. Orwell nannte ihn in seinem Buch »der große Bruder«. Im Englischen wurde das Zitat *big brother is watching you* zum Sprichwort, das vor Vorgesetzten warnte und dazu aufforderte, vorsichtig und sich der Beobachtung durch andere bewusst zu sein.

Mit Container-Bewohnern, die sich freiwillig überwachen lassen, hatte Orwell freilich nicht gerechnet, noch weniger mit einem eingetragenen Warenzeichen »Big Brother«, unter dem allerlei Fanartikel vertrieben werden.

Die dümmsten Kälber wählen ihren Schlächter selber.
Volksweisheit

Wer viel fragt, kommt darin um

Hätte er doch nur nicht so neugierig gefragt! Aber so erfuhr König Laios von Theben die Prophezeiung, dass sein Sohn ihn töten würde. Als seine Frau Iokaste einen Knaben gebar, ließ er dem die Füße durchbohren und ihn aussetzen. Doch Mitleidige retteten ihn, und Ödipus (was »Schwellfuß« heißt) wurde vom Königspaar von Korinth aufgenommen und als eigener Sohn aufgezogen. Als ihn später einer beschimpfte, er sei kein rechter Königssohn, wurde Ödipus wiederum neugierig, ging nach Delphi zum Orakel und erfuhr: Er werde seinen Vater töten und seine Mutter heiraten.

Verständlich, dass er nicht mehr nach Korinth zurückwollte. An einer Engstelle des Weges kam ihm – klar – Laios entgegengefahren. Keiner von beiden wollte ausweichen, Streit entbrannte, es kam zu Tätlichkeiten, und Ödipus erschlug im Zorn, ohne es zu wissen, seinen Vater.

Wie es das Schicksal fügte, führte ihn die Straße nach Theben, wo das Ungeheuer Sphinx, halb Löwe, halb Weib, die Stadt belagerte und peu à peu die Einwohner auffraß. Immerhin gab die Sphinx jedem eine Chance, indem sie ihm erst ein Rätsel aufgab. Niemand konnte es lösen, alle wurden gefressen. In seiner Verzweiflung versprach der Statthalter des Königs, Kreon, demjenigen, der das Rätsel löste, die Hand der verwitweten Iokaste und den Platz des Königs. Ödipus schaffte es, die Sphinx war so frustriert, dass sie sich zu Tode stürzte. Dann wurde Hochzeit gefeiert: zwischen Mutter und Sohn, wieder unwissend.

Jahre später erst kam die Wahrheit ans Licht, Iokaste erhängte sich an ihrer Bettstatt, Ödipus blendete sich, und Sigmund Freud regte diese Geschichte rund 2500 Jahre nach Sophokles' Tragödie so an, dass er einen Komplex dazu erfand. Er behauptete darin, grob gesagt, dass alle Knaben ihren Vater als Konkurrenten um die Liebe der Mutter loswerden und seine Stelle einnehmen wollen. Dumm nur, dass der Vater in der Regel stärker als der Sohn ist, also müssen die Knaben ihre mächtigen Wünsche verdrängen. Freud meinte aber auch, dass es manchmal mit dem Verdrängen nicht klappe: Dann entstehe ein *Ödipuskomplex*, eine krankhafte Mutter-Sohn-Bindung. Komplex nannte er dabei eine Gruppe von Problemen, so wie ein Gebäudekomplex aus einer Gruppe von Häusern besteht. So etwas kann sehr unübersichtlich sein und kompliziert, weshalb sich das Adjektiv *komplex* einbürgerte.

Ein blinder Onkel ist besser als gar kein Onkel.
Indisches Sprichwort

Eisen fressen

Es ist fast immer das gleiche Lied: Wenn ich mich vorstelle, lachen die Menschen und fragen scheinheilig nach: »Essig? Wie Öl?« Dann lachen sie noch mehr. Nach vierzig Jahren finde ich das eher *ätzend*. Und damit kenne ich mich aus, denn »Essig« kommt vom lateinischen Wort »acetum«. Und da Essig den Säuren verwandt ist, empfinden ihn manche als ätzend. Ich dachte lange Zeit, dass auch hier »acetum« an der Wiege gestanden habe, aber in dem Fall war das mittelhochdeutsche »atzen« oder »etzen« Namenspate. Wie bei »trinken« und »tränken« gehört »atzen« zu »essen« und bedeutet: »jemandem zu essen geben«. Wenn man Säure auf Metall schüttete, gab man ihr gleichsam Eisen zu fressen. Wenn jemand also heute *angefressen* ist, dann war wohl etwas ziemlich ätzend.

Übrigens habe ich lange schon meinen Frieden mit dem Nachnamen gemacht. Außerdem gibt es einige interessante Redensarten mit ihm. In China bezeichnet *Essig essen* Eifersüchtigsein, und in Deutschland heißt es: *Mit einem Tropfen Zucker fängt man mehr Fliegen als mit einem Fass Essig.* Man kann sich meinen Namen leicht merken, die meisten Menschen reagieren eher amüsiert, und wenn manche sagen: »Ah, wie Aceto Balsamico«, ist das Balsam für meine Seele.

Schluss mit schließen?

Neuerdings, so höre ich aus gut unterrichteten Internetkreisen, gebe es den Ausdruck *jemanden adden*. Das ist eine Art Ritterschlag in dem Netzwerk MySpace, denn damit wird man auf die

Liste für besondere Zugangsberechtigte gesetzt und erlangt den Titel »Freund«. Man wird also hinzugefügt, was auf Englisch »to add« heißt. Wenn das kein Freundschaftsbeweis ist.

Ich dagegen habe als Kind noch Blutsbrüderschaft geschlossen: Arm mit dem Taschenmesser aufritzen und dann die blutenden Wunden aufeinanderlegen. Ist in Zeiten von Aids allerdings nicht mehr zu empfehlen. Aber es gibt zum Glück tausend andere Arten, *Freundschaft* zu *schließen*.

Und warum »schließt« man die eigentlich? Es hängt mit dem Vertrag zusammen, der ja auch geschlossen wurde. Er war und ist voller *Klauseln*. Das wiederum ist das lateinische Wort für »Schlüsse« wie in *der Weisheit letzter Schluss*. Die Unterschriften unter dem Vertrag *schlossen* das ganze *Verfahren ab*. Bei Freunden kam noch dazu, dass man gern vom *Freundschaftsbund* oder -*band* sprach, man knüpfte sich symbolisch aneinander und schloss so eine Verbindung.

Ich bin sicher, das »Adden« wird eine beschränkte Form von Freundschaftsbezeugung bleiben. Und wenn auch nicht alle wissen, warum man Freundschaften *schließt*, weiß man doch, *warum* man sie schließt. Die Behauptung *Blut ist dicker als Wasser* versucht zwar, Blutsverwandtschaft als das Ursprüngliche und Verlässliche hinzustellen, doch schon die Antike wusste es besser: *Ein guter Freund ist mehr wert als hundert Verwandte.*

> *Verwandte sind wie Hintern und Erde.*
> (Beide kommen immer wieder zusammen.)
> Sprichwort der Rendille in Nordkenia.

Eine Art Baumschule

Wenn mein Deutschlehrer unzufrieden war mit mir, sagte er: »Geh doch lieber auf die Baumschule!« Dort lernen die Bäume, gerade zu wachsen, indem man sie anbindet, ihnen quasi Zucht und Ordnung beibringt.

Die beste Schule ist freilich die Familie. Deshalb heißt es ja noch immer, *nicht von schlechten Eltern sein*, wenn man jemanden oder etwas lobt. Die Idee dahinter ist alt: Gute Eltern vererben ihren Kindern körperlich und geistig gute Eigenschaften. Das galt natürlich ebenso für Tiere, weshalb man auch den Ausdruck *aus einem guten Stall kommen* kennt. Am beliebtesten war und ist aber der Vergleich mit den Pflanzen:

Wie einer Wurzel ein Stamm entwächst, so *stammen* wir von unseren Eltern *ab*, und wie sich der Baum verästelt, so *verzweigt sich* die Verwandtschaft. Deshalb bildete man Verwandtschaftsbeziehungen gern in einem *Stammbaum* ab. Die *Stammeltern* stehen ganz unten, dann folgen die anderen *Familienzweige*, und der Baum wächst immer weiter, wenn es genügend *Stammhalter* gibt: So nannte man früher die männlichen Nachkommen, die allein das Fortleben des Namens und der Familie garantierten.

Es lag nahe, Familienähnlichkeiten, ob positiv oder negativ, in einem Sprichwort auf das Baumbild zurückzuführen, wobei die Kinder den Früchten der Eltern gleichgesetzt werden: *Der Apfel fällt nicht weit vom Stamm.* Noch näher lag es, große Familien gleich als *Stamm* zu bezeichnen. Je mehr wir uns als Individuen emanzipiert haben, umso mehr sinkt allerdings die Bedeutung des Wortes ab. Heute verwenden wir den Begriff »Stamm« fast nur noch für menschliche Gruppen, wenn wir von weniger entwickelten Völkern sprechen.

Überlebt hat das Wort aber noch in anderen Bereichen, in denen »Stamm« den Kern einer Gruppe bezeichnet, diejenigen, die immer dabei sind. Die *Stammbesetzung* gehört dazu, die *Stammmannschaft* und natürlich der *Stammtisch*, an dem die Leute sich treffen, die ihre Familie in der *Stammkneipe* finden.

Das kommt davon

Der Erfolg hat viele Väter. Der Misserfolg ist Waise. Die Sprache
verbildlicht hier wie so oft abstrakte Phänomene mit Begrif-
fen der Abstammung. Ein *Glückskind* wurde offenbar von der
Glücksgöttin Fortuna geboren, *der Wunsch ist* leicht einmal *der
Vater des Gedankens,* und die *Vorsicht Mutter der Porzellankiste.*
Im Orient ist diese Art von Ausdrücken äußerst beliebt. Das
wissen wir spätestens seitdem 1990 Saddam von der *Mutter aller
Schlachten* sprach: Im Westen dachte man, er meine damit nur
die größtmögliche Schlacht, und war nach dem Sieg im Zweiten
Golfkrieg zufrieden. Der Begriff bedeutete jedoch, die Schlacht
sei wie eine Mutter, die noch viele Schlachten gebären werde,
was leider stimmte.

Die Eltern vom *Enfant terrible* kennen wir dagegen nicht. Ein
schreckliches Kind aus Frankreich, klar, aber wie konnte es ein
Ehrentitel für eigenwillige Künstler werden? Einen möglichen
Vater findet man immerhin: Paul Gavarni, der Zeichner, hatte
eine Bildfolge mit diesem Titel veröffentlicht, die schnell populär wurde. Bei ihm geht es um vorlaute, unerzogene Gören,
die peinliche Dinge ausplaudern. Vielleicht traf das auch auf
Künstler zu, die ohne Scham die Geheimnisse der Gesellschaft
beim Namen nannten, die sich um Ansehen, Sitte, Anstand nicht
kümmerten. Das konnten Konservative als negativ, Bewunderer
des offenen Wortes aber positiv sehen. Und so wurde daraus
wohl das Lob für das freimütige Kind im Künstler.

Der doppelte Leichnam

Der Gastwirt findet beim Kartoffelgraben hinter seinem Haus
einen alten Soldatenleichnam. Er liegt lange schon tot unterm
Birnbaum. Er beschließt, den Toten liegenzulassen und nicht dar-

über zu sprechen. So eine Leiche nahe der Wirtschaft kann das Geschäft schädigen.

Mehr als der Tote schreckt den Wirt das Gespenst der Armut, das er abwenden will, und müsste er dafür *über Leichen gehen!* Da quartiert sich ein reicher Mann in seinem Gasthaus ein, und plötzlich sieht er eine Möglichkeit. Am Morgen verlässt der Gast still in seiner Kutsche die Wirtschaft. Wenig später findet man Spuren, er sei mit dem Gefährt umgestürzt und ertrunken. In der Nacht haben Nachbarn den Gastwirt aber unterm Birnbaum graben sehen. Eine Untersuchung beginnt, der Verdacht erhärtet sich, als man nach kurzem Graben auf Knochen stößt. Doch der Totengräber erkennt, was jeder der neugierigen Nachbarn hätte sehen können: Dieser Leichnam ist nicht frisch, liegt dort schon zwanzig Jahren. Es scheint, als könnte der Gastwirt mit diesem Trick durchkommen, doch er lässt sich von dem Gespenst seiner Schuld schrecken und stirbt selbst kurze Zeit später in seinem Keller: die Schaufel in der Hand.

Theodor Fontane erzählt diese spannende Geschichte in dem Roman »Unterm Birnbaum« von 1885. Seit damals spricht man von einer *Leiche im Keller*, wenn es um verborgene Schuld geht. Auf Englisch nennt man das übrigens »to have a skeleton in the cupboard«, »ein Skelett im Küchenschrank haben«. In dem amerikanischen Film »Arsen und Spitzenhäubchen« wird das Motiv der Leichen im Keller dann schließlich zum wunderbaren Komödienstoff.

Gerade Familien haben häufig *Schwarze Schafe* oder *Sündenböcke* in ihren Reihen. Die ersten waren selten, wurden mit dem Teufel in Verbindung gebracht, und außerdem konnte man ihre Wolle nicht färben: alles schlecht! Die zweiten kommen schon im Alten Testament vor: Man wählte einen Bock aus, belud ihn symbolisch mit der Schuld der Gemeinde und jagte ihn in die Wüste.

Leichen im Keller sind allerdings schlimmer: Werden sie bei Familienfesten erwähnt, tritt meist, wie ein Gespenst, Stille ein.

Da fällt ein Wort, und alles Reden erstirbt. Ein peinlicher und spannender Moment: Redet man »darüber« oder nicht? Fast keine Familie scheint auszukommen ohne Geheimnisse, Lügen, geflüsterte Anekdoten und heimliche Familienmythen, die sich durch *Stille Post* von Generation zu Generation weiter aufbauschen, und irgendwie gehören sie ja zu jeder guten Familienchronik dazu.

Verschwiegene Gemeinschaften

Als die süditalienischen Fürsten im 18. Jahrhundert immer stärker ins Leben der Landbevölkerung eingreifen und sie immer weiter auspressen wollten, ohne dafür wenigstens effizienten Schutz vor räuberischer Gewalt bieten zu können, entstand eine besondere Art der Familie: Überall im Süden, besonders auf Sizilien, bildeten sich Widerstandsgruppen, die sich im 19. Jahrhundert selbst die »Ehrenwerten Jünglinge« oder die »Ehrenwerte Gesellschaft« nannten, von ihren Gegnern dagegen den Namen »Mafia« bekamen, was so viel heißt wie »Überheblichkeit« oder »Anmaßung«.

Großgrundbesitzer machten sich – mal gezwungen durch die Kriminellen, mal freiwillig, um sich gegen Enteignungen zu wehren – diese Mafiosi und den »Schutz«, den sie boten, zunutze. Immer mächtigere kriminelle Großfamilien und Clans bildeten sich heraus, die von Schutzgelderpressungen lebten und die Obrigkeit im Süden – mit Wissen der Regierung in Rom – bald ersetzten.

Wer hier aufgenommen werden wollte, musste schwören, die Gesetze der »omertà«, des unbedingten Schweigens über Interna, und der »vendetta«, der Rache, zu beachten. Ja mehr noch, das Familienoberhaupt erklärte den Neuen zur »cosa nostra«, zu »unserer Sache«. Einen eigenen Willen gab man damit auf. Dieser Ausdruck wurde zu einer weiteren Bezeichnung der Mafia. Mit

Auswanderern verbreiteten sich die Verbrecherclans weiter, vor allem in den USA.

Nicht nur in diesem Punkt gibt es Parallelen zu einer anderen Familie, die noch früher gegründet wurde, noch weiter verbreitet war, noch mächtiger, noch bedeutender: Im 16. Jahrhundert hatte Ignatius von Loyola eine Vision, dass er einen Orden gründen solle, der nur dem Papst gehorche. Der schwärmerische Spanier hatte damals keine Mühe, Papst Paul III. von seinem Plan zu überzeugen, hatte der doch in vielen Ländern gegen die Reformation zu kämpfen. Er stattete den Orden, der sich »Gesellschaft Jesu« nannte, mit besonderen Rechten aus: Er war allein der Gerichtsbarkeit und Befehlsgewalt des Papstes unterstellt, seine Besitzungen wurden von aller weltlichen Gerichtsbarkeit und Steuer befreit, und der Papst stattete ihn mit einer Macht aus, die fast der seinen gleichkam. Seine Mitglieder hatten sich ihren Oberen absolut unterzuordnen, in Bestimmungen zu ihrer Ordensregel heißt es: »Ein jeder sei überzeugt, dass diejenigen, die unter dem Gehorsam leben, von der göttlichen Vorsehung durch Vermittelung ihrer Vorgesetzten sich ebenso bewegen und regieren lassen müssen, wie wenn sie ein Leichnam wären«; auf Latein: »perinde ac si cadaver essent«.

In ihrer eigenartigen Verbindung von religiöser Inbrunst und totaler Ergebenheit auf der einen Seite und intellektuellem Bildungsstreben wie diplomatischem Kampfgeist auf der anderen wird der Orden weltweit zum Führer der Gegenreformation. Wie die Mafia traute man den Jesuiten fast alles zu, so dass es schon seit Jahrhunderten Verschwörungstheorien über ihre Macht und wild entschlossene Kämpfer dagegen gibt.

Sprichwörtlich aber wurde ihr *Kadavergehorsam*, der auf die Forderung nach bedingungsloser Unterwerfung zurückgeht, und sprichwörtlich wurde die Mafia, um eingeschworene Gemeinschaften zu bezeichnen.

Freundschaft verdirbt durch Schweigen.
Deutsches Sprichwort

Heiliger Strohsack

Wie man sich bettet, so liegt man. Das wussten bereits unsere Vorfahren, denn sie mussten ihre Betten im Wortsinne täglich machen. Dazu reichte ein Leinensack, in den man Stroh stopfte, schon war das Bett gemacht. Diese einfache Matratze war so verbreitet, dass sich für Männer, deren Frau auf Reisen war, der Ausdruck *Strohwitwer* und umgekehrt für Frauen mit reisenden Männern *Strohwitwe* bildete. Sie blieben nur für eine gewisse Zeit allein auf dem Strohsack, waren nicht für immer getrennt. Der *heilige Strohsack* als Fluch oder Ausruf gehört dagegen zu den vielen Wörtern, mit denen man die Anrufung Gottes oder des Teufels vermied. Da gab es noch *zum Kuckuck* und *Heiliger Bimbam* oder *Sackelzement* und *Sapperment* statt *Sakrament.* So schimpften wohl oft die Unverheirateten in ihrer Junggesellenwirtschaft, wenn sie einsam waren. Wer auf diese Weise lebte, wurde rasch zum *Eigenbrötler* gestempelt, was ursprünglich einfach denjenigen meinte, der sein Brot nur für sich buk – aber wahrscheinlich entwickelten auch Singles im 19. Jahrhundert schon seltsame Verhaltensweise.

In der Nacht ist der Mensch nicht gern alleine.
Schlagerweisheit

Märchenhafter Fluch

Spieler, die die Bank drücken müssen, Schüler, die nie aufgerufen werden, Freunde, die nicht zurückgerufen werden: Sie alle *fühlen sich stiefmütterlich behandelt.* Und warum?

Eigentlich bezeichnet der Begriff nicht mehr als ein Verwandt-
schaftsverhältnis, wenn es auch schon in der Antike Geschichten von übelwollenden Zweitmüttern gab. Die Brüder Grimm
aber behandelten in vielen der Märchen, die sie gesammelt hatten, die Stiefmutter mehr als stiefmütterlich. Sie machten sie zur
erzbösen Frau und damit sprichwörtlich: Ob es um die Vergif-
tung des schönen Mädchens in »Schneewittchen« geht, um die
demütigende Behandlung von »Aschenputtel« oder um die Ver-
treibung von »Brüderchen und Schwesterchen« – immer steckte
die *böse Stiefmutter* dahinter.

> *Eine Mutter kann zehn Kinder, aber zehn Kinder keine*
> *Mutter ernähren.*
>
> Russisches Sprichwort

Der beste Freund des Menschen

Des is a Hund! So spricht man in Bayern anerkennend von jemandem, der selbst *etwas außerhalb der Legalität* – wie der CSU-
Politiker Hermann Höcherl das Vorgehen von Franz-Josef
Strauß im Rahmen der *Spiegel*-Affäre umschrieb – seinen Vor-
teil zu sichern weiß. Hunde sind findig, *haben eine gute Nase* und
können *sich durchbeißen.*

Die paar tausend Jahre, die das feste Band zwischen dem Vier-
und dem Zweibeiner schon hält, machen es diesem Buch ganz
unmöglich, nicht *auf den Hund* zu *kommen.* Millionen von ihnen
bestätigen ihren Herrchen und Frauchen Tag für Tag, dass kein
anderer Freund so treu sein kann, so verständnisvoll, so an-
spruchslos (immerhin unterbrechen sie einen nicht und widersprechen kaum). Kein Wunder, dass es im größten deutschen
Sprichwörterlexikon 45 Seiten voller Hundesprüche und Redensarten gibt und dass sie so beliebt sind.

Berühmt ist *der innere Schweinehund.* Einerseits rührt er von einer verstärkenden Kombination der zwei Schimpfwörter *Schwein* und *Hund* her, andererseits zitiert die Bezeichnung die Hunde, die zur Sauhatz eingesetzt wurden – wilde, mutige Tiere, mit denen man sich lieber nicht anlegte. Die Rede vom inneren Schweinehund verbindet beide Bedeutungen: Wie ein verfluchenswerter Dämon hindert er uns, das Gute, das Wünschenswerte zu tun, und wie ein kräftiger Jagdhund von einer armen kleinen Sau ist er von unserem schwachen Willen meist kaum zu überwinden.

Weil es früher schon so viele Hunde gab, war das Dasein der meisten nur ein *Hundeleben.* Kein Hundefutter gab's, höchstens ließ sich mal ein kranker Hase fangen, der *letzte,* den dann eben *die Hunde bissen.* Als Wachhunde kettete man die Tiere an, versah die Kette mit einem Schloss: Bei so einem *hundsmiserablen Hundeelend* muss man doch *heulen wie ein Schlosshund!* Fett anzusetzen war für die Hunde unter diesen Umständen fast unmöglich, weshalb man heute noch unerwartete, überraschende Ereignisse mit dem Ausdruck quittiert: *Das ist ein dicker Hund!*

Rabiate Freundeshilfe

Ein frommer Einsiedler begegnet auf seinem Weg durch den Wald Jägern, die eine tote Bärin mit sich tragen. Wenig später hört er abseits des Wegs plötzlich ein Wimmern und entdeckt unter einem Farn ein hilfloses Bärenkind. »Na«, fragt er das Tier, »ist deine Mutter gestorben?« Er zögert nicht lange, nimmt seinen Kuttenstrick und bindet das Bärchen, um es sicher in seine Einsiedelei zu bringen.

Mit Ziegenmilch rettet er es, mit Käse und Beeren und Pilzen päppelt er es auf. Und bald ist aus dem kleinen, wehrlosen ein großer, starker Bär geworden, noch dazu ein dankbarer, der überaus anhänglich und hilfsbereit ist.

Eines Tages stören Fliegen seinen Herrn beim Studium der Bibel, da will er die Störenfriede vertreiben. Als sie sich wieder auf den Kopf des Einsiedlers niederlassen, holt der Bär mit seiner mächtigen Pranke aus und schlägt die Fliegen tot. Leider auch den Eremiten.

Seit der frühen Neuzeit ist die moralische Erzählung vom *Erweisen eines Bärendienstes* in vielen Varianten in ganz Europa beliebt. Jean de La Fontaine (1621–1695) ließ sich von ihr zu seiner Fabel »Der Bär und der Gartenliebhaber« anregen und machte die Redewendung vom ungewollt schlechten Freundschaftsdienst noch bekannter. In seiner Fassung tötet der ebenso dankbare wie gedankenlose Bär eine lästige Mücke und den darunterliegenden Herrn mit einem großen Stein.

VIII. Von den Schlachtfeldern

Das große Karthago führte drei Kriege. Es war noch
mächtig nach dem ersten, noch bewohnbar nach dem
zweiten. Es war nicht mehr auffindbar nach dem dritten.

Bertolt Brecht

Der tägliche Sprachkrieg

Immer herrscht irgendwo Krieg auf der Welt. Die Welt der Wörter ist da keine Ausnahme: Regierungen *schießen sich auf* die Op-
position *ein*, Politiker beschwören die Einigkeit *in den eigenen*
Reihen, warnen vor *Schnellschüssen* und *geraten* schon mal ins
Kreuzfeuer der Kritik.

Kaum ein Krieg kann so grausam sein, dass er nicht kurz
danach von der Werbung vermarktet würde. So spielte »Media
Markt« auf die *Mutter aller Schlachten* an und wollte keinem Konkurrenten *das Feld räumen.* Da ist nicht vom Acker, sondern vom
Schlachtfeld die Rede, genau wie bei einem Lieblingswort der
Pressesprecher und Offiziösen: dem *Vorfeld.* Militärische Ausdrücke und Wendungen finden sich überall in unserem Wortschatz. Selbst Andi, ein pazifistischer Bekannter, erzählte kürzlich: »Ich fand die Stimmung auf der letzten Maidemo *bombig.*«
Weil die An- und Heimfahrt so lang waren, sei er allerdings ganz
erschossen gewesen. Bei anderer Gelegenheit *entrüstete* er *sich*
über die *Grabenkämpfe* innerhalb der Friedensbewegung, die er
aufreibend fand. Ohne einen internen *Waffenstillstand* arbeite
man dem Gegner in die Hände, während man doch *klare Fron-*
ten schaffen sollte. »Jetzt müssen wir dringend neue Aktionen *in*
Angriff nehmen!«

Bevor man sich über den unbewusst kriegerischen Andi lustig macht: Eine Abrüstung der Sprache ist fast unmöglich und

115

gar nicht unbedingt wünschenswert. Es spricht doch für unsere Zeit, dass kaum jemand bei Ausdrücken wie *Lunte riechen* (nach dem Geruch der brennenden Lunte des alten Luntenschloss- gewehrs), bei *verheerenden* Wahlergebnissen oder beim *Stürmen* der Sonderangebotsregale an *Frontalangriffe, Kämpfe bis aufs Messer* oder an *Schlachtengetümmel* denkt. Erst recht nicht die *Schlachtenbummler*, obwohl die sich schon mal das ein oder an- dere *hitzige Gefecht* liefern und gern über *Zermürbungstaktik* oder *Offensivstrategie* im Fußball fachsimpeln. In der Regel *springen* wir also nur noch bildlich *für jemanden in die Bresche* oder *schla- gen eine*, in die Mauern gegnerischer Positionen nämlich. Einer dämlichen Verwaltungsbestimmung darf man *mit offenem Visier den Gnadenstoß versetzen*, zumindest wenn man juristisch *sat- telfest* ist. Und wie viele schlössen sich nicht gern einem *Kreuz- zug* gegen die Drogen an. Ein argumentatives *Trommelfeuer* ge- reicht einem Streiter mit Worten zur Ehre. Wenn der *das Feuer auf sich zieht*, um es von einem *schwer angeschossenen* Mitstrei- ter abzulenken, kann man ihm kaum vorwerfen, dass er *einen Schuss hat*. Und statt zu denken, dass wir auf Erden weiterhin al- les wunderbar *in Schuss halten* können, wäre es angemessener zu bemerken, dass wir auf einem *Pulverfass* sitzen. Es gibt eine Zeit für die *Defensive*, und es gibt eine Zeit, um zu *explodieren*.

Mord rufen und die Hunde des Krieges loslassen.
William Shakespeare

Die tödliche Linie

In diesem Halbjahr wurden mir gleich drei *Deadlines* gesetzt. Eigentlich müsste es aber heißen, eine Deadline ziehen, denn so machte man es früher. Und zwar im ersten modernen Massen- schlachten der Geschichte, dem Amerikanischen Bürgerkrieg

(1861–1865). Fast vier Millionen Soldaten schickte man gegen-
einander. Etwa 360000 Nord- und 260000 Südstaatler starben, es
gab bereits Schützengräben, Stellungskrieg, Maschinengewehre
und wahnsinnige Frontalangriffe. Am 3. Juni 1864 türmten sich
bei der Schlacht von Cold Harbor acht Minuten nach Angriffs-
beginn 7000 tote und verwundete Nordstaatler vor den unbe-
zwungenen Linien der Südstaatler.

Die meisten Soldaten wurden allerdings nicht in den grausamen Schlachten getötet, sie verloren als Gefangene ihr Leben:
Denn es mangelte nicht nur an Unterkünften, sondern an Ma-
terial zur Einpferchung der Gefangenen, vor allem aber auch an
Erfahrung, mit solchen Menschenmassen umzugehen. Deshalb
trieb man sie zusammen, markierte oft einfach auf freiem Feld
mit einem in die Erde geritzten Strich ein riesiges Viereck und
postierte die Bewacher so, dass sie die Linien im Blick hatten.
Wer immer diese Linie überschritt, wurde erschossen, sie war die
Todeslinie und ist seit 1864 als Begriff in den Kongress-Akten
verbürgt.

Raum und Zeit werden oft und gern in Beziehung gesetzt,
und so lag es nahe, die Deadline auf die Sphäre der Geschäfts-
und Arbeitswelt und ihre Termine zu übertragen. Wer hier eine
klare zeitliche Grenze überschritt, war bald im übertragenen
Sinn *ein toter Mann*.

Der Vater aller Dinge

Da haben wir den Salat. Genauer gesagt haben wir eigentlich fast
keinen mehr, denn Markus hat die gemeinsame Salatplatte schon
heftig geplündert, ehe wir anderen »Moooment!« sagen können.
»Du stürzt dich ja auf das Essen wie ein *Kamikaze*!« mault Bar-
bara. Unsere japanische Freundin Tomoko hört so etwas nicht
gern. Vor Peinlichkeit windet sie sich. Ich sehe ihr an, dass sie

wahrscheinlich denkt: Können die Deutschen nicht unverfänglichere Wörter aus dem Japanischen übernehmen? Aber sie besinnt sich auf ihre höfliche, pädagogische Ader und erklärt: »Kamikaze heißt göttlicher Wind. Japan wurde einmal von einem Sturm vor einer chinesischen Invasion bewahrt.«

Seltsam, aber ab da zieht sich das Thema »Krieg« durch unser Tischgespräch wie ein roter Faden. Markus steuert sogar die alte Formel von Heraklit bei: *Der Krieg ist der Vater aller Dinge.* Dabei war der alte Grieche alles andere als ein Rüstungslobbyist, sondern ein antiker Naturphilosoph, der mit Krieg den dauernden Wandel in der Welt durch gegensätzliche Prinzipien meinte – das ewige Hin und Her zwischen Groß und Klein, Warm und Kalt oder Fest und Flüssig, das immer Neues entstehen lässt.

Tomoko hat offenbar eher ein sprachliches Problem: »Wieso sagen die Deutschen ›eine Erkältung kriegen‹ und ›das kriegen wir schon hin‹? Wer führt Krieg hier?« Alles schweigt. Keiner weiß etwas.

Erst zu Hause belehrt mich ein Wörterbuch, dass *Krieg* und *kriegen* tatsächlich zusammengehören. Früher sagte man »etwas erkriegen«. Das »er-« fiel weg, und was man erfolgreich erstritten hatte, kriegte man.

Von der Weisheit zur Knarre

Wenn du Frieden willst, bereite den Krieg vor, »si vis pacem, para bellum.« Das – leicht verändert – sprichwörtliche Zitat des Militärtheoretikers Flavius Vegetius (um 400) war Taufpate einer berühmten Waffe: Das deutsche Heer führte 1908 die von Hugo Borchardt und Georg Luger entwickelte Pistole »Parabellum« ein, die kurz »P(istole) (19)08« genannt wurde. Amerikanische Soldaten brachten sie nach 1945 als beliebte Kriegsbeute massenhaft in die USA. Weil man den Namen besser aussprechen konnte, nannte man sie dort nur nach dem einen Entwickler »Luger«. Verwendet wurde sie besonders gern von Gangstern, die mit der deutschen Wertarbeit oder, was wahrscheinlicher ist, mit einer aus vielen Kriegsfilmen bekannten Naziwaffe Eindruck schinden wollten.

Unauffällige Militaria:

1. »Freelancer«: Wie die Söldner sich und ihre Lanze dem Meistbietenden verkauften, so tun es die »freien Lanzen« heute, die selbständig für verschiedenste Auftraggeber arbeiten.
2. »Spießer«: Die Spießbürger liefen im 19. Jahrhundert, als Bürgerwehr stolz ihre Waffe tragend, umher, obwohl man damit längst niemandem mehr Angst einjagen konnte. Beim Tragen ihres Spießes ging es ihnen allein darum, der Tradition zu entsprechen. Vor allem Studenten fanden sie deshalb rückständig, langweilig und engstirnig, spießig eben.
3. »08/15«: Nach der Kennziffer eines deutschen Maschinengewehrs, das 1908 gebaut, 1915 verbessert und dreißig Jahre lang im Einsatz war, diente der Ausdruck in der Armee als Bezeichnung für stumpfsinnigen Dienst. Zur allgemeinen Wendung wurde er durch Hans Hellmuth Kirst, dessen Romantrilogie ihn im Titel trug und zu einem der ersten Bestseller der BRD wurde.
4. »Otto Normalverbraucher«: Gerd Fröbe – damals noch ganz dünn – spielte im Film »Berliner Ballade« (1948) einen Soldaten, der Otto heißt und eine Lebensmittelkarte für »Normalverbraucher« hat, also keine Zulage für Schwerarbeiter oder Schwangere bekommt.
5. »Etwas auf der Pfanne haben«: Gewehre waren vor 500 Jahren umständlich zu bedienen: Man musste den Lauf reinigen, Pulver aus dem Vorratshorn vorn in den Lauf fül-

len, einen Pfropfen und eine Kugel laden, mit dem Lade-
stock nachstopfen, den Hahn spannen und noch einmal
Pulver auf die Pulverpfanne unter dem Steinschloss schüt-
ten. Das konnte bis zu einer Viertelstunde dauern. Wer jedoch Pulver auf der Pfanne hatte, hatte das Laden schon
hinter sich und war schussbereit.

Die Geschichte vom alten Soldaten

Marseille im Jahr 1816, ein Jahr nach Napoleons endgültiger
Niederlage in der Schlacht von Waterloo: In einer Kneipe sitzt ein
alter Soldat am Ecktisch. Seine Uniform hat schon bessere Tage
gesehen, aber sie ist sauber. Wie immer hat er den billigen Roten
vor sich, fast gehört er zum Inventar, genau wie die Reden, die
er jedes Mal schwingt. »Was seid ihr für armselige Feiglinge! Verräter! Verräter! Napoleon den Engländern zum Fraß vorgewor-
fen und ihn jetzt auf St. Helena verrotten lassen, damit ihr eure
miesen Geschäfte treiben könnt! Für euch bin ich in den Krieg
gezogen! Mit achtzehn Jahren.«

Er nimmt noch einen Schluck, und obwohl ihm niemand zu-
hört, redet er sich weiter in Rage: »Napoleon hat Frankreich groß
gemacht mit seiner mächtigen Armee! Siebzehnmal hat es mich
erwischt! Napoleon hat mir einen Säbel überreicht, eine Pension
ausgesetzt für meinen Dienst. Hoch, mein Kaiser! Hoch, Frankreich! Wir hatten doch alle besiegt – die dekadenten Österreicher,
die feigen Italiener, die steifen Preußen und die schmutzigen Russen. Allein der Winter und Nelson haben uns besiegt!«

Nicht nur im Lokal kennt bald jeder den alten Soldaten namens Nicolas Chauvin und das Loblied auf seine Heimat. Es
spricht sich herum, wie maßlos er Napoleon verehrt und sein
Mutterland Frankreich in den Himmel hebt. So wird er bald zur

komischen Figur auf der Bühne: Die Brüder Théodore und Hippolyte Cogniard lassen 1831 in ihrer Komödie »La cocarde tricolore« eine Figur mit seinem Namen auftreten, die singt: »J'suis Français, j'suis Chauvin, j'tape sur le Bedouin«, »ich bin Franzose, ich bin Chauvin, ich schlage auf den Beduinen ein.«

Mitte des 19. Jahrhunderts wird die populäre Figur Chauvin sprichwörtlich für das Phänomen eines aggressiven, übersteigerten Nationalismus, den man fortan – erst in Frankreich, dann auch in anderen Ländern – *Chauvinismus* nennt.

Und da echte Chauvinisten fast immer Männer und naturgemäß oft *Machos* sind (das Wort kommt aus dem Spanischen und bedeutet »männlich«), lag es für die amerikanische Frauenbewegung auf der Hand, den Begriff als »male chauvinism« auf all jene mit einem übersteigerten männlichen Selbstwertgefühl zu übertragen. Die beschimpfte sie nun nicht mehr nur als Paschas, Tyrannen oder Patriarchen, sondern als Chauvinisten oder, in der verächtlichen Kurzform, als *Chauvis*.

> *Die Tinte der Schüler ist heiliger als das Blut der Märtyrer.*
> Mohammed

Hymnisches

»Na, *auferstanden aus Ruinen?*« Wer so begrüßt wird, hat vermutlich eine harte Nacht hinter sich. Man hört das Geflügelte Wort aber auch als zufriedenen Kommentar, wenn jemand ein altes Motorrad wieder zum Laufen gebracht oder ein Haus renoviert hat.

Erfunden hat es nach dem Zweiten Weltkrieg der Staatsdichter und spätere Kulturminister der DDR Johannes R. Becher: Der neue Staat im Osten wollte schließlich mit der alten Hymne nichts mehr zu tun haben. Hoffmann von Fallerslebens »Deutschlandlied« (»Deutsch – land, Deutschland ü – ber a – ha – lles, ü – ber a – lles i – hin der Welt«) war von den Nazis zu laut gegrölt worden.

Johannes R. Becher arbeitete mit dem Komponisten Hanns Eisler zusammen, und am 5. November 1949 durften sie sich mit dem Segen von Politbüro und Ministerrat als Schöpfer der DDR-Nationalhymne bezeichnen. Eislers Komposition hatte sich vielleicht auch deshalb gegen andere durchsetzen können, weil sie eine besonders eingängige Melodie hatte. Vielen fiel damals auf, dass Teile von ihr aus Peter Kreuders berühmtem Schlager »Good bye, Johnny« geklaut waren, den Hans Albers in dem Film »Wasser für Canitoga« so ergreifend gesungen hatte. Die wenigsten allerdings erinnerten sich, dass schon Kreuder geklaut hatte, und zwar bei Beethoven, genauer bei dessen Bagatelle für Klavier op. 119, Nr. 11.

So schön die DDR-Hymne klang, ihr Text wurde seit den Siebzigern nicht mehr gesungen, weil in ihrer ersten Strophe etwas angesprochen wurde, was sich erst 1990 und ganz anders als von den Gründervätern der DDR erwartet vollzog: »Auferstanden aus Ruinen und der Zukunft zugewandt, lasst uns Dir zum Guten dienen, Deutschland, einig Vaterland.«

Bis auf die letzte Zeile kann man die DDR-Hymne übrigens auch auf die Melodie des alten Deutschlandliedes singen, die wiederum von dem Österreicher Joseph Haydn stammt. Und um die hymnische Verwirrung komplett zu machen: »God save the Queen« hat dieselbe Melodie wie die kaiserliche Reichshymne »Heil dir im Siegerkranz«, so dass im Ersten Weltkrieg die englischen und die deutschen Truppen ihre Herrscher mit denselben Liedern lobten. Doch damit nicht genug: Vor den Engländern hatten die Liechtensteiner die Melodie schon in nationalem Gebrauch, dann die Schweizer, die Russen und die Bayern. Beliebter war wohl nur »Lilli Marleen«, das im Zweiten Weltkrieg alle Sender, alle Soldaten und alle Länder einte. Wie schade, dass die musikalische Internationale keinen einzigen Krieg verhindert hat!

Der Ursprung alles Krieges aber ist Diebesgelüst ...
Arthur Schopenhauer

Der Nullpunkt

Am 16. Juli 1945, 5 Uhr 29 beobachten 260 Militärs, Wissenschaftler und Mitarbeiter in der Wüste von New Mexico die erste Explosion einer Atombombe. In apokalyptischer, aber dennoch humorvoller Stimmung nannte man den Test »trinity«, Dreieinigkeit, das Testgelände »trinity site«, Areal der Dreieinigkeit. Wer den Film »Matrix« kennt, weiß, warum die explosive Heldin den Namen »Trinity« trägt.

Um ihre Wirkung zu vergrößern, platzierte man die Bombe auf einem eisernen Turm und definierte damit zugleich einen Nullpunkt, von dem aus man die Reichweite und Zerstörungskraft der Druckwelle, der Hitzewelle und der radioaktiven Strahlung maß. Gleichzeitig war es der Punkt, an dem die Explosion am stärksten wirkte. Diesen Punkt nannte man *Ground Zero*.

Er spielte erneut eine Rolle beim Einsatz der, wiederum liebevoll ironisch benannten, Atombomben Nummer zwei und drei: »Little Boy« am 6. August 1945 über Hiroshima und »Fat Man« am 9. August 1945 über Nagasaki. Zwischen 115 000 und 175 000 Menschen starben sofort, wohl mindestens ebenso viele an der Strahlenkrankheit in den folgenden Jahren. Ground Zero bedeutete in beiden Fällen »Todeszone« und »totale Zerstörung«. In den USA bürgerte sich der Ausdruck nach 1945 auch ein, um den Ausgangspunkt einer konventionellen Explosion, einer Epidemie oder das Zentrum eines Erdbebens zu bezeichnen.

Die Übertragung auf das Trümmergelände des »World Trade Center« lag also auf der Hand. Dennoch steckt noch mehr dahinter: Wie schon den japanischen Angriff auf Pearl Harbour 1941 empfanden die US-Amerikaner den Al-Qaida-Anschlag 2001 als heimtückischen Überfall. Indem sie nun die Trümmer-

und jetzige Gedenkstätte als Ground Zero bezeichneten, setzten sie – zumindest nicht geschmackssicher – den Ort mit Hiroshima und Nagasaki gleich.

So oft wurde Ground Zero in den Medien erwähnt, dass der Ausdruck mittlerweile schon ironisch verwendet wird. »Hier herrscht ja Ground Zero«, sagt man zu einem chaotischen Zimmer oder einer unordentlichen Lagerhalle. Manchmal wird der Begriff auch in der gleichen Bedeutung wie *tote Hose* benutzt, also im Sinne von: »Hier ist nichts los.«

> *'s ist leider Krieg –*
> *und ich begehre*
> *nicht schuld daran zu sein!*
> Matthias Claudius

Ein weiter Weg

1934 scheint die Lage für Mao Tse-tung und fast hunderttausend Angehörige der Roten Armee im chinesischen Bürgerkrieg hoffnungslos: Die gegnerischen Truppen Chiang Kai-sheks haben das Gebiet der Kommunisten mit Stacheldraht umgeben, Wachhäuser aufgestellt und blockieren erfolgreich den Nachschub. Hunger breitet sich aus. Ein vernichtender Angriff steht bevor.

Obwohl es an Wahnsinn grenzt, unterstützt Mao die Entscheidung des Politkommissars Zhou Enlai und des Generals Chu Teh, einen Ausbruchversuch zu wagen. So durchbrechen am 16. Oktober 1934 86 000 Männer und 35 Frauen der chinesischen Roten Armee die Sperranlagen. Viele sterben dabei. Es beginnt eine schier unendliche Serie von immer neuen Fluchten, Schlachten und Scharmützeln. Über das trügerische Eis zugefrorener Gewässer, durch riesige Sümpfe und über 19 Bergketten quälen sich die Soldaten. Die Zahl der Toten wächst und wächst. Die meisten sterben aus Erschöpfung, vor Hunger, an Krankheiten. Das Unternehmen scheint ein Selbstmord auf Raten.

Doch auf dieser schrecklichen Flucht schlägt Maos Stunde. Er spornt die Rotarmisten immer wieder an, in Bewegung zu bleiben, obwohl sie völlig erschöpft sind. Und er täuscht den Gegner wiederholt mit überraschenden Manövern. Im Herbst 1935 erreichen nach 10 000 Kilometern und 370 Tagen gerade einmal 4 000 Soldaten die Provinz Shaanxi. Mao ist der Held der Stunde. Dank seiner erfolgreichen Führung und durch eine geschickte Mischung aus Rücksichtslosigkeit und Diplomatie ist er inzwischen zum Führer der Kommunisten aufgestiegen. Aber 1937 steht wiederum eine zehnfache Übermacht zum Angriff bereit, und es sieht so aus, als würden er, die Rote Armee und ihre Flucht nicht einmal eine Fußnote der Geschichte werden. Die Angriffe der Japaner auf China retten sie im letzten Moment: Im Juli 1937 wird Chiang Kai-shek wegen der Bedrohung von außen dazu gezwungen, ein Bündnis mit der Roten Armee zu schließen.

Als die Kommunisten 1949 Chiang Kai-shek schließlich endgültig besiegen, werden die tollkühne Flucht mit ihren fast übermenschlichen Leiden und ihr fähiger Organisator zu einem nationalen und bald weltweiten Mythos: Der »Große Vorsitzende« Mao Zedong und *der Lange Marsch*.

Es ist schon recht typisch für die geduldigeren Mao-Erben in Deutschland, dass sie die kriegshistorische Vokabel mit einer Ergänzung versahen: *der lange Marsch durch die Institutionen.* Ein Ausdruck, den Rudi Dutschke prägte.

Mao ist übrigens Urheber weiterer Redensarten: *Der große Sprung nach vorn* bezeichnete die rücksichtslosen Industrialisierungsversuche in den Fünfzigern, deren Folge die größte von Menschen verursachte Hungersnot mit um die dreißig Millionen Toten war. Den Ausdruck *Papiertiger* verwendete Mao, um sich über die Imperialisten und die Atombombe der USA, die wegen des Gleichgewichts des Schreckens nie gegen China eingesetzt würde, lustig zu machen.

Im längsten Frieden spricht der Mensch nicht soviel Unsinn und Unwahrheit als im kürzesten Krieg.

Jean Paul

Debakel oder Triumph?

Eigentlich hätten die vier Schweden ihren ersten international erfolgreichen Song nicht »Waterloo«, sondern »Belle Alliance« betiteln müssen. Ob sie auch damit den »Grand Prix d'Eurovision de la Chanson« gewonnen und Weltkarriere gemacht hätten? Eher hätten sie wohl *ihr* persönliches *Waterloo erlebt.*

Tatsächlich heißt die Schlacht von Waterloo aus englischer Faulheit so: 1815 hatte der britische Heerführer Wellington mit viel Glück und der Hilfe der preußischen Truppen unter Marschall Blücher die letzte, entscheidende Schlacht gegen Napoleon gewonnen. Blücher schlug vor, die Schlacht nach dem mitten im Kampfgebiet gelegenen Gut »La Belle Alliance« zu nennen – schließlich habe ja auch erst die Allianz zwischen Engländern und Preußen den Sieg ermöglicht.

Wellington jedoch schickte von dem einige Kilometer nördlich gelegenen und im Englischen leichter auszusprechenden Weiler Waterloo seinen Siegesbericht nach London, die »Waterloo Dispatch«. Unter diesem Namen ging die Schlacht in die Welt-, in die Popgeschichte und den internationalen Redensartenschatz ein. Da half es auch nichts, dass die Preußen sie weiterhin hartnäckig als »Schlacht von Belle Alliance« bezeichneten.

Auf Englisch heißt eine Niederlage erleiden übrigens »to meet one's Waterloo«. Für die Popgruppe »Abba« bedeutete »Waterloo« als Song das glatte Gegenteil, und da die Schweden und ihr

126

erfolgreicher Song bekannter sind als die Schlacht, könnte man die Redensart eigentlich im umgekehrten Sinn verwenden. Schließlich stand Waterloo ja auch dafür, dass sich der siegreiche Wellington durchgesetzt hatte. Weil aber Napoleon berühmter war und sein Schlachtenglück geradezu sprichwörtlich, setzten sich die Sichtweise des überraschend Unterlegenen und Waterloo als Bezeichnung für eine totale Niederlage durch.

Nicht zu knacken

Im Ersten Weltkrieg wurden sie erfunden: Panzer. Sie walzten alles nieder und waren kaum aufzuhalten; daher auch der Ausdruck *stur wie ein Panzer*. Das Wort selbst kommt aus dem Lateinischen, wo es »Wanst« bedeutete. Im mittelalterlichen Frankreich nannte man dann den stählernen Wanstschutz der Ritter »Panzer«, und langsam ersetzte das Wort schließlich auch den alten, sehr anschaulichen deutschen Ausdruck »Krebs« (dessen Panzerung war schließlich ein Vorbild für die Bauchrüstung gewesen).

Panzerknacker brechen keine Krebse auf, sondern stählerne Tresore, die Panzerschränke genannt wurden.

In England heißen Panzer »tanks«, was ihr Codename für ihre Entwicklung während des Ersten Weltkriegs war: Erstens ähnelten sie gewaltigen Stahltanks, zweitens war das eine gute Tarnbezeichnung.

Bei den vielen Betonköpfen in den *Think-Tanks* dieser Welt könnte man auf die Idee kommen, dieser amerikanische Begriff aus dem Zweiten Weltkrieg hinge ebenfalls mit Panzern zusammen. Er stammt jedoch von der Bezeichnung für einen abhörsicheren, abgeschlossenen Ort (tank), an dem über Strategien nachgedacht werden konnte (think). Der deutsche Ausdruck *Denkfabrik* hat sich dagegen nicht recht durchgesetzt.

Ahnungslosigkeit ist eine gute Waffe.
Nathalie Sarraute

Harte Kerle

Südspanien, 16. Mai 1811: Napoleons Truppen halten fast ganz Spanien besetzt. Seine Erzfeinde, die Briten, unterstützen die Aufständischen auf der Iberischen Halbinsel mit ihren Truppen. So kommt es an diesem Maitag zur Schlacht von Albuera. Sie scheint schlecht auszugehen für die Briten, denn sie sind deutlich in der Minderzahl.

Das 57. Infanterieregiment wird besonders heftig angegriffen, wehrt sich jedoch auch besonders energisch, obwohl auf einen von ihnen vier Franzosen kommen. Da wird auch noch ihrem Kommandeur, Oberst Inglis, das Pferd unterm Hintern erschossen und er selbst von Kartätschenschrot in den Nacken und die linke Brust getroffen. Obwohl er schwer verwundet ist, weigert er sich, die strategisch wichtige Position auf einem Hügel zu verlassen und ins Lazarett abtransportiert zu werden.

Die Franzosen greifen wütend an, doch der blutende Inglis brüllt seinen Leuten unermüdlich zu: »*Die hard* the 57th, die hard!«, »Die 57er sind kaum umzubringen, kaum umzubringen!« Das befeuert den Kampfesmut der Soldaten. Und so gewinnen die Briten überraschenderweise die Schlacht. Der Blutzoll ist extrem hoch: Von 24 Offizieren waren 23 und von 584 gemeinen Soldaten 426 zwar nur schwer, aber letztlich doch umzubringen.

Der Anfeuerungsruf des Obersts und die todesmutige Tapferkeit seiner 57er sprechen sich schnell herum. Und so beehrt die Armee das Regiment mit dem Spitznamen »Diehards«. Noch heute heißt es so.

Im Laufe der Zeit verbreitet sich das Wort im Englischen als Ausdruck für jemanden, der ein sturer und zäher Bursche ist –

jemand beispielsweise, der Fäusten, Messern, Kugeln, Feuer, Tücken der Technik widerstehen und eine Horde übler Burschen in einem Hochhaus ganz allein besiegen kann. Jemand wie Bruce Willis alias John McClane zum Beispiel. Der so langsam stirbt, dass es kein Verbrecher je erleben wird. Für ihn scheint Schiller den Spruch Wilhelm Tells erfunden zu haben: *»Der Starke ist am mächtigsten allein.«*

Aus dem Tempel in den Schulhof

Schon in der Bibel steht, dass die beiden Söhne Adams und Evas Gott ihre *Opfer* darbrachten: Feldfrüchte und ein Lamm. Weil Gott das eine Opfer gnädig annahm, das andere ablehnte, kam es zwischen den Brüdern Kain und Abel zum Zwist, und Kain erschlug Abel. So führte das Opfern, das ursprünglich Gott gefallen sollte, zum ersten Mordopfer.

Über besonders unangenehme Tote sprechen deutsche Politiker stets vorsichtig: wenn es um den fabrikmäßigen Massenmord an Millionen Juden geht, um die Ermordung Tausender Behinderter, Zigeuner, Homosexueller und politischer Gegner oder um Millionen russischer Kriegsgefangener, die man erschoss, verhungern, erfrieren oder an Krankheiten krepieren ließ. Für sie alle klingt das Wort Opfer in offiziellen Reden angemessen ehrfurchtsvoll. Entsprechend übertrug man den Ausdruck schon lange auf Unfalltote oder Ermordete.

Ein Opfer erinnert jedoch an etwas Willenloses und Wehrloses. Sprichwörtlich wurde ja Jesus, der sich als Opferlamm verhält, das sich hinschlachten lässt, ohne Widerstand zu leisten: ein Grund, warum Schüler und andere Jugendliche heutzutage den Begriff Opfer als Schimpfwort für Schwächlinge benutzen. Dass sie damit einen Tabubruch begehen, erhöht den Reiz. Es liegt aber auch daran, dass das Wort so bedenken- wie gedankenlos oft gebraucht wurde. Sein Sinn hat sich unter jungen Leuten erst verflüchtigt und wurde dann ins Beleidigende verkehrt.

Kriegerische Wendungen

1. »Alarm schlagen«: Eigentlich schlug man die Alarmtrommel, die so hieß, weil schon die Legionäre Roms »ad armas« riefen, also: »Zu den Waffen!« Die italienisierte Form »all'arme« kam im späten Mittelalter nach Deutschland. Sogar das Wort »Lärm« kommt daher, was man schon daran merkt, dass man noch heute sagt »Lärm schlagen«.

2. »Vernagelt sein«: Um gegnerische Kanonen eine Zeitlang unschädlich zu machen, schlug man einen Nagel ins Zündloch. Während einer Schlacht hatte niemand Zeit, ihn auszubohren, und die Kanone war nutzlos, nichts kam heraus – wie aus einem Menschen, dem nichts einfällt.

3. »Von der Pike auf«: Die einfachsten Soldaten der spätmittelalterlichen Söldnerheere waren mit einer bis zu vier Meter langen Pike bewaffnet, vor allem um Reiterangriffe abzuwehren. Wer die samt Kanonen- oder Musketenschüssen eine Zeit überlebt hatte, konnte aufrücken, man begann aber stets von der Pike auf.

4. »Avantgarde«: So heißt die Vorhut einer Armee. Da sie weit vor ihr und ungeschützt operierte, galt die Avantgarde als besonders mutig. So lag es nahe, auch Künstler, die dem Heer ihrer Zeitgenossen voraus waren, damit zu bezeichnen.

5. »Haare auf den Zähnen haben«: Echte Männer sind behaart. Deshalb sagte man im Mittelalter von einem Tapferen, er habe Haare. Um das zu steigern, formulierte man bald »er hat Haare auf der Zunge«, also selbst da, wo eigentlich keine wachsen. Das konnte jedoch mit Maulheldentum verwechselt werden, weshalb sich der Spruch weiterentwickelte zu den behaarten Zähnen.

6. »Einen Pyrrhussieg erringen«: Pyrrhus (319–272 v. Chr.), König von Epirus, konnte die Römer zweimal schlagen, doch waren seine eigenen Verluste dabei so gewaltig, dass er gesagt haben soll: »Noch so ein Sieg, und wir sind verloren.«

7. »Jemanden im Stich lassen«/»jemandem die Stange halten«: Beim Wettfechten im Fechtunterricht hielt der Lehrer schützend eine lange Stange zwischen den Bedrohten und den Angreifer, wenn Verletzungsgefahr bestand. Damit wurde der Kampf unterbrochen. Hielt er diese Stange nicht, dann ließ er den Unterlegenen ganz wörtlich im Stich, des Degens nämlich.

Wendungen, die mir nicht gefallen wollen

Gefallen, das klingt nach Herbstlaub oder Stolpern und schöner als »von einer Miene zerfetzt« oder »abgeknallt« oder »vom Panzer zermalmt«. Merke: Militärs sterben nie – sie fallen. Früher *blieben* Kämpfer *auf dem Feld der Ehre*. Beides sind verhüllende Ausdrücke. Einerseits sollen sie die besondere Ehre des Soldaten, der sein Leben für die Gemeinschaft riskiert, markieren, andererseits sprechen die Wenigsten gern und deutlich vom Tod oder vom Sterben. Deshalb heißt es auch, *jemand ist dahingegangen* oder *über den Jordan*, *verschieden* und *entschlafen*.

IX. Welt der Worte

Sprüche machen menschlich

Die Nacht ist still und friedlich. Plötzlich blitzen gewaltige elektrische Entladungen. Dampfschwaden wabern umher, aus denen ein Nackter herauskatapultiert wird. Besonders klug ist er nicht, aber zielorientiert. Er findet rasch, was er braucht: Kleidung, Waffen und den kommenden Erlöser der Menschen, der ihn sich aus der Zukunft geschickt hat. Ein wenig nervt allerdings seine technisch rationale Beschränktheit. Kein Wunder, er ist ja nur ein *Android*: sieht aus wie ein Mensch, ist aber eine programmierte Maschine. Gefühle? Fehlanzeige! Humor? Keine Spur!

Das erträgt auf die Dauer – schließlich sind sie lange Zeit gemeinsam auf der Flucht – nicht einmal sein Erfinder, der zu diesem Zeitpunk noch ein Kind ist. Also versucht er ihn zu einem etwas angenehmeren Begleiter zu machen, indem er ihm das beibringt, was den Menschen offenbar auszeichnet – Sprüche. Anfangs wirken die im Mund der Maschine noch recht kalt, doch im Laufe der Zeit versteht er, wann und wie man sie richtig einsetzt; ganz cool. Für die Figur wie für den Film, in dem sie die Hauptrolle spielt, war dieser Einfall Gold wert. Zur Gewalt- und Actionorgie kam nun noch der Witz, so dass »Terminator II« von James Cameron noch erfolgreicher wurde als sein Vorgänger und Zitate daraus weltweit zu Geflügelten Worten. Auf diese Weise schaffte es selbst ein spanischer Spruch in unseren Sprachgebrauch, der einen Moment kommentiert, in dem Triumph und endgültiger Abschied von etwas oder jemand Lästigem sich wunderbar vereinen: *Hasta la vista, baby!*

Noch mehr Terminator-Sprüche:

1. »Ich komme wieder«, »I'll be back.«
2. »Meine Datenbank umfasst nicht die Dynamik menschlicher Paarbindung.«
3. »Komm mit mir, wenn du leben willst.«
4. »Ich will deine Kleider, deine Schuhe und dein Motorrad.«
5. »Bleib cool, du Pfeife.«
6. »Dankbarkeit ist nicht erforderlich.«
7. »Eure Unbeschwertheit ist nützlich. Es hilft gegen die Anspannung und die Todesangst.«

Unheimlich viel

Dem Raja war langweilig. Genug Gold hatte er, genug Frauen, genug Pferde und genug von dem immer gleichen Trott. Er rief einen Weisen und bat ihn um Ablenkung. Der Weise präsentierte ihm wenig später ein eigentümliches Spiel mit 32 Figuren auf einem Brett mit 64 Feldern. Er nannte es »Raj« nach der wichtigsten Figur, dem König. Die Regeln waren nicht ganz leicht, doch in wenigen Tagen war der Raja so begeistert, dass er kaum noch etwas anderes tat, als zu spielen.

Aus Dankbarkeit wollte er den Weisen fürstlich belohnen. Als er nach dessen Wunsch fragte, gab der eine seltsame Antwort. »Ich möchte nur«, sagte er, »etwas Reis. Gib mir ein Korn für das erste Spielfeld, zwei Körner für das zweite, vier für das dritte und so immer doppelt soviel bis zum vierundsechzigsten.« Da lachte der Raja und versprach es ihm. Er hielt den Weisen für zu bescheiden, ja sogar dumm. Als er seinen Dienern aber zusah, die schon nach 15 Feldern bei 16 384 Körnern angelangt waren, wurde ihm klar, dass er zuviel versprochen hatte. Tatsächlich reichte die heutige Welternte Reis nicht, den schlicht klingenden

Wunsch zu erfüllen. So hatte der Weise ihm nicht nur eine intelligente Form der Ablenkung geschenkt, sondern auch eine Lehre erteilt.

Die Araber übernahmen das indische Spiel wahrscheinlich schon Mitte des siebten Jahrhunderts aus Persien, wo der König den Namen »Shah« trug. Wer seine Spielfigur gefährdete, musste »Shah« sagen, weswegen das Spiel in Deutschland *Schach* genannt wurde. Seine Beliebtheit führte zu vielen Redensarten und neuen Wörtern. So kommt *scheckig* von dem zweifarbig karierten Schachbrett und *matt sein* oder *ermatten* von *Schach matt*. Im Persischen hieß »Shah mate« »der König ist tot« und bezeichnete das Ende vom Spiel, wenn man seinen Stein so gesetzt hatte, dass der gegnerische König sich nicht mehr bewegen konnte. Deshalb heißt es auch *jemanden matt setzen*. Der Wechselzug von Turm und König, die Rochade, kommt ebenfalls redensartlich vor: Wenn man innerhalb einer Gruppe die Funktionen oder die Positionen wechselt, sagt man *eine Rochade vornehmen* oder einfach *rochieren*. Am häufigsten gebraucht man aber *jemanden in Schach halten*, das ist im Spiel eine Bedrohung des Königs, durch die der Gegner *in Zugzwang gebracht* wird: Er kann nicht mehr frei ziehen, er muss seinen König schützen.

In seinem Loch ist der Käfer Sultan.
Arabisches Sprichwort

Nur vier Buchstaben

Bob Dylan und Joan Baez waren in den Sechzigern für kurze Zeit das Traumpaar des Folk. Sie galten als unzertrennlich. Dylan schrieb in dieser Zeit, wo er ging und stand, auf Dutzende kleiner Notizzettel Songs, von denen einer Baez ganz besonders gefiel. Also nahm sie Dylan einfach den Zettel weg und machte sich

Text und Melodie zu eigen. Dylan vergaß das Lied, doch es sollte eines ihrer erfolgreichsten werden. Als Dylan den Song von Joan Baez gesungen hörte, lobte er ihn, woraufhin sie lachte: »Es ist ja auch von dir, du Idiot!« Der Titel: »Love Is Just A Four-Letter Word«.

Damals wie heute bezeichnet der Ausdruck *four letter word* auch jenes Tabuwort, das im Amerikanischen eines der meistverwendeten überhaupt ist – »fuck«. Auch »shit«, »damn«, »arse«, »hell«, »cock«, »cunt« oder »piss« können damit gemeint sein, weshalb die eigentliche Bedeutung von »four letter word« »ordinärer oder vulgärer Ausdruck« ist. Im Deutschen wird der Begriff jedoch meist in etwas harmloserem Zusammenhang verwendet: »Setz dich auf deine *vier* (Popo) / fünf (Arsch) *Buchstaben*!«

Der Begriff und seine redensartliche Verwendung finden sich übrigens in vielen verschiedenen Sprachen, schließlich gab es überall aus religiösen, abergläubischen oder sozialen Gründen Tabuwörter. Immer sind es kurze Wörter, wahrscheinlich weil sie sich besonders als Schimpfwörter oder Flüche eignen: In Spanien stehen die vier Buchstaben zum Beispiel für »puta«, »Hure«, in Polen meint man mit den vier Buchstaben, »cztery litery«, für gewöhnlich: »dupa«, »Arsch«.

Möglicherweise ist das Tetragrammaton (griechisch für vierbuchstabig) für Jahwe, »JHWH«, der Beginn dieser Tabuwortreihe: Denn der hebräische Name Gottes durfte nicht unnütz gebraucht werden und wurde deshalb, vor allem in gesprochener Sprache, mit dem Ausdruck »Vier Buchstaben« umschrieben.

Klare Worte

Etwas deutlicher war der Wortgebrauch früher auf jeden Fall. Noch im 19. Jahrhundert war einem, sprachlich betrachtet, der Arsch näher als der Hintern. Ein Grund dafür war sicher auch, dass man vor Einführung der Kanalisation überall auf Dreck stieß und sich – mehr oder weniger ungeniert – erleichterte, wo es gerade ging. Erasmus von Rotterdam empfahl im 16. Jahrhundert Studenten, einen Professor höflicherweise »beim Scheißen auf der Straße nicht zu grüßen«. Solche hygienischen Zustände schlagen sich natürlich in alten Sprichwörtern nieder.

So geläufig wie zu Martin Luthers Zeiten sind uns die »Scheiß«-Sprüche nicht mehr. Damals galten sie allerdings nicht als so unanständig wie heute, und die Wörter »Arsch« und »Scheiß« waren noch nicht tabu, so dass der große Reformator folgende Redensarten und Sprichwörter sammelte: »Der wollt' gern scheißen, wenn er Dreck im Bauch hätt'.« – »Es klingt wie ein Furz im Bade.« – »Träume sind Lügen. Wer ins Bett scheißt, das ist die Wahrheit.« – »Er wollt' sich den Arsch wischen und bricht sich den Daumen.« (Toilettenpapier gab es im 16. Jahrhundert eben noch nicht.) – »Er hat Hummeln im Arsche.« Als *Hummeln im Hintern* hat der letzte Spruch immerhin überlebt. Wenn man jemanden gut kannte, sagte man: »Ich hab mit ihm in ein Nachtgeschirr gepisset.« Oder: »Sie haben durchs selbe Loch geschissen.« Sehr anschaulich beschrieb das Niederländische ein Ding der Unmöglichkeit: »Er hat gegen den Mond gepisst.«

Nun, wir sind – in der Hochsprache – so anständig geworden, dass uns all diese bildmächtigen Ausdrücke der vergangenen Jahrhunderte fast wie aus einer fremden Welt erscheinen. Heute ist immerhin noch recht geläufig: *Das passt wie der Arsch auf den Eimer.* Ab und zu hört man für junge, unerfahrene Männer, die sich aufspielen: *Keinen Arsch in der Hose, aber La Paloma pfeifen.* Relativ oft heißt es sogar: *Dem geht der Arsch auf Grundeis.* Man verglich den Durchfall aus Angst – daher auch *Schiss haben* – mit dem Lösen des Tiefeneises in Gewässern, das unter Krachen und Poltern vonstattenging.

In die Hochsprache fand schließlich *die Arschkarte ziehen* Aufnahme: Wahrscheinlich kommt der Ausdruck von der roten

Karte des Schiedsrichters. Damit er die nicht aus Versehen zieht, steckt sie nicht wie die gelbe in der Hemd-, sondern in der Gesäßtasche.

Volksvorurteile

Schwedische Gardinen, hinter die Verurteilte müssen, rühren vom sprichwörtlich exzellenten Stahl aus dem Norden her, der für Gefängnisgitter gut geeignet ist. Doch wenn uns *etwas spanisch vorkommt*, werden wir misstrauisch: wie unsere Vorfahren, die vor 500 Jahren mit Karl V. einen Herrscher bekamen, der viel Ungewohntes aus Spanien mitbrachte, das den Deutschen nicht schmecken wollte. Keine Frage: Das Fremde zieht uns an und schreckt uns ab, und das schlägt sich auch in unserer Rede nieder.

Unserem Schimpfen über die *polnische Wirtschaft*, wenn wir uns mit Schlamperei oder unvorstellbarem Chaos konfrontiert sehen, entspricht im Polnischen ebenso wie Russischen ein *saufen wie ein Deutscher*. Und der Volksbezeichnung *Spaghettifresser* stehen mit den »Hunnen« im Englischen oder den »walkiri« (»Walküren«) für deutsche Frauen im Italienischen kaum liebenswertere Namen für uns gegenüber.

Noch böser treiben es die Engländer mit den Iren: Spinnweben nannten sie »irische Vorhänge«, Kartoffeln »irische Aprikosen« oder »irische Äpfel«. Noch heute werden im britischen Slang Dutzende solcher Bezeichnungen verwendet: »irisches Konfetti« für Steinwürfe bei Demonstrationen, »irischer Kuss« für einen Kopfstoß, »irische Sahne« für Sperma, und eine Frau mit blau gehauenen Augen bezeichnet man als »irische Schönheit«. Da sind Wörter wie »französischer Brief« für ein Kondom, »italienischer Pullover« für starke Körperbehaarung oder »deutscher Trick« für heimliches Biertrinken aus einer Coladose recht harmlos. *Sich auf Französisch empfehlen* als Ausdruck für abschiedloses Verschwinden gibt es übrigens im Englischen und Deutschen, im Französischen dagegen heißt es »sich auf Englisch empfehlen«.

Solche Völkerstereotype sind kaum aus der Welt zu schaffen. Nicht schlecht ist es, sie zu ignorieren, noch besser, spielerisch und humorvoll mit ihnen umzugehen. In gewisser Weise dienen sie als eine Art komischer Puffer zwischen den Völkern, die ja gar nicht so selten über die Witze mitlachen können.

Das Europa der Sprüche

Lange vor der großen staatlichen gab es schon eine Europäische Union der Sprichwörter – weil sehr viele aus den gleichen Quellen schöpfen. Erstens aus der antiken Literatur: »Canes latrantes non mordent!«, heißt *Hunde, die bellen, beißen nicht* und findet sich in 51 europäischen Sprachen und Dialekten. »Manus manum lavat« bedeutet *eine Hand wäscht die andere,* was in 46 Sprachen und Dialekten gesagt wird. Zweitens aus der Bibel: *Wer anderen eine Grube gräbt, fällt selbst hinein.* Das lässt sich in 48 Sprachen und Dialekten belegen, *was du nicht willst, das man dir tu, das füg auch keinem andern zu* in vierzig. Drittens von den Weisheiten des lateinischen Mittelalters: Die Humanisten liebten es, Sprichwörter zu sammeln, und da sie die in lateinischer Sprache zusammentrugen, die die Gelehrten aller Länder beherrschten, überwanden ihre Sammlungen mühelos alle Grenzen. So blüht die Weisheit *keine Rose ohne Dornen* in 39 Sprachen und Dialekten.

Kleinasiatisches

Den Türken haben wir Wörter wie *Harem* oder *Eunuch* oder *Dolmetscher* zu verdanken, vor allem aber wunderbare Kaffeerituale. Nachdem es mit den Eroberungsfeldzügen des Osmanischen Reiches im 17. Jahrhundert nicht geklappt hatte, kamen seit 1961 in erfolgreicher friedlicher Mission Millionen Gastarbeiter nach Deutschland. Ob sie uns das schöne Sprichwort brachten, das vor knapp dreißig Jahren bei uns aufkam und kurioserweise vor allem konservative Politiker gern in den Mund nehmen? Franz Josef Strauß war wohl einer der ersten, der sich mit ihm über seine Kritiker lustig machte. Im Türkischen reimt es sich und ist harmonisch und parallel gebaut: »It ürür, kervan yürür.« Auf Deutsch lautet es ein wenig umständlicher: *Die Hunde bellen, die Karawane zieht weiter.*

Melonen und Frauen sind schwer zu durchschauen.
Spanisches Sprichwort

Ex oriente lux

Bibelkundige sind sich sicher: Aus dem Osten kommt das Licht, denn daher kamen die Heiligen Drei Könige und der Komet, dem sie folgten. Und wie steht es mit den Worten aus dem Morgenland, genannt die DDR?

Offensichtlich fehlte es nicht an Erkenntnis und Selbstironie im Arbeiter- und Bauernstaat. Anders sind Sprüche wie *Marx ist Murx* oder de Ausdruck *falten gehen* für das nur scheinbar freie und offene Wählen nicht zu erklären. In Briefen, Büchern, Filmen und vielen Interviews haben Sprachwissenschaftler weitere schöne Ausdrücke gefunden, die teils natürlich kurzlebig und eher regional verbreitet waren.

Weil man überall Spitzel des Ministeriums für Staatssicherheit, genannt *die Firma*, vermuten musste, bildete man das Wort *der deutsche Blick* für vorsichtiges Umherschauen, ob jemand lauschte. Mehr oder weniger lästige Pflichtveranstaltungen wie politische Erziehung verspottete man als *Rotlichtbestrahlung*, und aus dem »Tag der Befreiung« wurde – wie mir ein Freund aus seiner NVA-Zeit berichtete – ein *Tag der Bereifung*. In der Regel *ging* alles *seinen sozialistischen Gang*, das heißt langsam, bürokratisch, umständlich, aber irgendwie doch voran. Oft änderte sich jedoch auch nichts, wozu man ein *Stoph bleibt Stoph!* seufzte: Willy Stoph war von Anfang an in wichtigen Partei- und Staatsämtern und viele Jahre Ministerpräsident der DDR, gehörte quasi zum unveränderlichen Staatsinventar.

Eine eigene Sprache bildete sich trotz der vierzigjährigen Trennung übrigens nicht. Ein paar hundert Spezialvokabeln ergaben sich aus der sozialistischen Gesellschafts- und Wirtschaftsordnung, darunter aber blieb vieles gleich oder entwickelte sich ähnlich. Selbst die Jugendsprache kam auf beiden Seiten der Mauer zu ähnlichen neuen Wörtern. *Dumm wie Brot sein* wurde einfach zu *dumm wie Konsumbrot sein. Die Tussi steht doch gut im Schuh* hätte auch ein Westjugendlicher sagen können, und die Bezeichnung einer Disko für Jüngere als *Ferkelschubs* hat man in der BRD wie in der DDR gefunden. Auch begeisterte oder zustimmende Ausdrücke wie *das bockt, edel, riesig, sahne* oder *das haut den stärksten Eskimo vom Schlitten* ließen sich auf beiden Seiten der Mauer hören, allein das heute noch beliebte Verstärkungswort *urst* ist wohl den Jugendlichen aus dem Osten vorbehalten geblieben.

Gemeinsam sind auch abschätzige Sprüche der Art: *Da muss schon der Bäcker kommen und nicht das Brötchen.* Besonders schön aber finde ich den östlichen Ausdruck für schönstes Wetter: *Der Planet prasselt* oder *drückt.* Schade, dass sich von den Ost-Redensarten allgemein nur das ungelenke *Fakt ist* durchgesetzt hat.

Andere Völker, andere Wörter:

»Das Herz fiel ihm in die Hose.«
　　　　　»Das Herz fällt ihm in die Beine.« *Ägypten*

»Jemandem das Herz schwermachen«.
　　　　　»Jemandem Zwiebel aufs Herz schneiden.«
　　　　　　　　　　　　　　　　　Ägypten
»Große Töne spucken«.
　　　　　»Ein Popcornmacher sein«. *Ägypten*

»Ein Sturm im Wasserglas«.
　　　　　»Ein Sturm in der Teetasse«. *England*

»Überflüssig wie ein Kropf«.
　　　　　»Überflüssig wie Ski in der Banja« (Badehaus).
　　　　　　　　　　　　　　　　　Russland

»Schreib es dir hinter die Ohren!«
　　　　　»Wickel es dir auf den Schnurrbart!« *Russland*

»Ohne Fleiß keinen Preis!«
　　　　　»Selbst das geschälte Ei hüpft nicht in deinen Mund.«
　　　　　　　　　　　　　　　　　Jiddisch
»Genug ist nicht genug!«
　　　　　»Es ist nicht genug da, wenn nicht zuviel da ist.«
　　　　　　　　　　　　　　　　　Frankreich
»Jedem Tierchen sein Pläsierchen«.
　　　　　»Jeder Koch macht seine Sauce.« *Frankreich*

»Ein schwarzes Schaf«.　　　»Ein schwarzes Schwein«. *China*

»Ein Unterschied wie Tag und Nacht«.
　　　　　»Der Mond und die Schildkröte«. *Japan*

»Wie Sardinen in der Büchse«.
　　　　　»Wie eine Packung Sushi«. *Japan*

Das Gras auf der anderen Seite des Zaunes

Wörter sind sehr anpassungsfähig: Beim *Fenster* denkt niemand ans lateinische »fenestra«, bei *Alkohol, Algebra* und *Alchemie* niemand an die arabischen Vorformen, bei *Tabu, Tätowieren* und *Lava* niemand an die polynesischen Wörter. Dafür haben sich *Kindergarten, Blitzkrieg* und *Weltschmerz* in vielen außerdeutschen Sprachen eingebürgert.

Sprichwörtern fällt das nicht ganz so leicht, schließlich bestehen sie aus vielen Wörtern und tragen manchmal schwer an ortsgebundenen Dingen, und doch wandern selbst sie ein und aus. Auch im deutschsprachigen Raum gibt es schon lange fremde Sprüche in ihrer Originalsprache. Das waren zunächst klassische Zitate wie *tempus fugit*, »die Zeit eilt«, oder *in dubio pro reo*, »im Zweifel für den Angeklagten«. Genauso kamen aus dem Französischen, Englischen oder Italienischen Sprüche, die blieben: *C'est la vie!* klingt einfach viel eleganter als: »So ist das Leben!« *Nobody is perfect* bewies im Gegensatz zu »Keiner ist vollkommen« Weltläufigkeit und ein lässiges *dolce far niente*, dass man das südliche Lebensgefühl verinnerlicht hat.

Filmzitate dagegen kommen in der Regel übersetzt bei uns an, weil in Deutschland so gern synchronisiert wird. *Das ist der Beginn einer wunderbaren Freundschaft* verdanken wir »Casablanca«, dem Film »Forrest Gump« die mütterliche Weisheit: *Das Leben ist eine Pralinenschachtel – man weiß nie, was man kriegt,* und »Apollo 13« den Paradesatz für schwierige Situationen: *Houston, wir haben ein Problem*. Filmzitate untereinander auszutauschen und zu erraten ist in unzähligen Internetforen ein beliebtes Spiel und verbreitet sie weiter im Alltag. Natürlich können auch schon die Filmtitel allein sprichwörtlich werden: Federico Fellini gelang es gleich dreifach im Deutschen zu punkten. Sein Film »*La dolce vita*« war so berühmt und berüchtigt, dass sich der Ausdruck bei uns durchsetzte. Hier gibt es auch einen Fotografen, der darauf spezialisiert ist, Sensationsaufnahmen, am liebsten von Prominenten, zu machen. Sein Name, *Paparazzo*, wurde zur Bezeichnung einer ganzen Berufsgruppe. Und schließlich schenkte uns Fellinis Film »La Strada« eine Redensart: Dort tritt Anthony Quinn in der Rolle eines Schaustellers auf, der als Kraftmensch von Ort zu Ort zieht, und sich der »große Zampano« nennt. Und noch heute heißt es, wenn jemand sich großmäulig in Szene setzt: *Spiel mal nicht den großen Zampano!*

Wie steht es mit dem umgekehrten Weg? Den gibt es vor allem, wenn deutsche Auswanderer im Spiel sind. So kam wahrscheinlich das Sprichwort: *Der Apfel fällt nicht weit vom Stamm* als »the apple doesn't fall far from the tree« ins Amerikanische. Viel mehr haben wir allerdings in umgekehrter Richtung übernommen: *Eine Frau ohne Mann ist wie ein Fisch ohne Fahrrad* stand zuerst in der amerikanischen Frauenzeitschrift »Ms.« und ist seit etwa 1977 in Deutschland wörtlich und in tausend Varianten heimisch geworden. Bei *Verbrechen lohnt nicht* kämen wir so wenig auf die Idee eines amerikanischen Lehnwortes wie bei *der Kunde hat immer recht* oder *man ist Teil der Lösung oder des Problems*. Beliebter noch ist *der frühe Vogel fängt den Wurm*, dabei haben wir doch das altbekannte *Morgenstund hat Gold im Mund*. Nun ja, wie sagt der Amerikaner: *Das Gras auf der anderen Seite des Zaunes ist immer grüner*. Mein Lieblingsspruch ist aber: *Kill your darling!* Ein bitterer, aber oft guter Rat, wenn wieder einmal etwas nicht klappt. Gar nicht so selten liegt es daran, dass man zu sehr an seinem »Lieblingskind« in einem Projekt hängt. Unübersetzbar sind die Härte des Spruchs und seine Lakonie; genauso wie in *dead as a dodo*. Toter als der ausgestorbene Großvogel geht es wirklich nicht.

X. Baukasten für neue Worte

Sprichwörter und Redensarten schreien danach, veralbert, verändert und aktualisiert zu werden. Das findet sogar der Sprichwortpapst Wolfgang Mieder, dem ich nicht genug danken kann für seine vielen Bücher und Anregungen. Er betitelte ein Werk: »Old Proverbs Never Die, They Just Diversify«, »Alte Sprichwörter sterben niemals, sie verändern sich nur.« Tatsächlich sind ja viele traditionelle Sprüche sehr schön, andere aber so alt, dass man sie gar nicht mehr versteht. Und einige sind einfach nicht mehr zeitgemäß. Also auf ein Neues!

Gerade wenn sie jeder kennt, ist es sehr leicht, die Wendungen und Ausdrücke unserer Rede zu erneuern und weiterzuentwickeln. So kann man zum einen seine durchschnittlich 300 Sprichwörter, die jeder Muttersprachler parat hat, vermehren, zum anderen sich Redensarten im wahrsten Sinne des Wortes zu eigen machen.

Am besten klappt das, wenn man sich an einigen Gestaltungsmitteln erfolgreicher Sprichwörter und Redensarten orientiert. Sie sind oft gereimt *(Eile mit Weile)*, teils unvollständige Sätze *(ein Mann, ein Wort)*, eher kurz *(trau, schau, wem)*, benutzen gern Wörter, die mit dem gleichen Buchstaben anfangen *(Milch macht müde Männer munter)* oder gleiche Vokale in sich haben *(Hochmut kommt vor dem Fall, den Ball flach halten)*. Auch Zwillingsformeln gehen leicht ins Ohr wie bei *mit Mann und Maus, über Stock und Stein* und *durch dick und dünn* oder bei gleicher Bildung zweier Satzteile: *Reden ist Silber, Schweigen ist Gold*. Schließlich ist es immer einprägsam, wenn die Sprüche anschaulich oder bildhaft sind: *Wenn das Glück vorbeikommt, stell ihm einen Stuhl vor die Tür.* Oder: *jemandem goldene Brücken bauen*, wenn man jemanden unbedingt zu etwas bringen möchte – über so ein prächtiges Bauwerk muss er einfach gehen.

Einfache Bauanleitungen:
– Austausch von Worten in vorhandenen Sprichwörtern und Redensarten:

»Ehrlich währt am längsten.« ⇨ »Ewig währt am längsten.« (Kurt Schwitters) ⇨»Erich währt am längsten.« (DDR-Demonstranten)

– Verneinung oder Verkehrung ins Gegenteil vorhandener Sprichwörter und Redensarten:

»Wer a sagt, muss auch b sagen.« ⇨ »Wer a sagt, muss nicht b sagen.« (Bertolt Brecht)

– Sprichwörter und Redensarten weiterführen:

»Neue Besen kehren gut.« ⇨ »Neue Besen kehren gut, aber sie kennen die Ecken nicht.«

»Was ich nicht weiß, macht mich nicht heiß.« ⇨ »›Was ich nicht weiß, macht mich nicht heiß‹, sagte der Ochse, als er gebraten wurde.«

»Der Mensch denkt, Gott lenkt.« ⇨ »Der Mensch dachte, Gott lachte.«

– Sprichwörter und Redensarten aktualisieren:

»Irren ist menschlich.« ⇨ »Irren ist männlich.«

»Eulen nach Athen tragen.« ⇨ »Handys nach Seoul tragen.«

– Teile von Sprichwörtern und Redensarten neu kombinieren:

»Wo viel Licht ist, ist auch viel Schatten.« und »In der Not frisst der Teufel Fliegen.« ⇨ »Wo viel Licht ist, frisst der Teufel Fliegen.« – »Fliegen in der Not, frisst der Teufel ohne Brot.« – »Wo viel Not ist, ist auch viel Schatten.« – »In der Not frisst der Schatten das Licht.« – »Wo viel Not ist, sind viele Fliegen.«

– Kombination von zwei Redensarten zu einem Sprichwort:

»Im Dreck stecken« und »Dreck am Stecken haben« ⇨ »Besser Dreck am Stecken, als im Dreck stecken.«

Fortgeschrittene orientieren sich beim Sprichworterfinden an dem reinen Bauplan und setzen ganz frei ein, was sie mögen:

– Wenn es die eine Sache gibt oder gäbe, dann gibt oder gäbe es auch die andere Sache:

»Wären Wünsche Pferde, würden Bettler reiten.«

– Wo die eine Sache ist, da ist auch die andere:

»Wo Rauch, da ist auch Feuer.«

»Wo Liebe ist, ist auch Geduld.«

– Wenn die eine Sache an einem bestimmten Ort ist, dann ist auch die andere dort:

»Kommt Zeit, kommt Rat.«

– Wo die eine Sache passiert, da geschieht auch die andere:

»Wo gehobelt wird, da fallen Späne.«

– Wie die eine Sache ist, so ist auch die andere:

»Wie man sich bettet, so liegt man.«

– Wenn das eine geschieht, dann geschieht auch das andere:

»Ist der Ruf erst ruiniert, lebt es sich ganz ungeniert.«

– Wer das eine tut, der tut auch das andere:

»Wer rastet, der rostet.«

–Wohin das eine, dahin auch das andere:

»Wohin der Hund geht, geht auch der Schwanz.«

– Wie viele von dem einen, so viele von dem anderen:

»So viele Köpfe, so viele Meinungen.«

– Zuerst das eine, dann das andere:

»Erst gurten, dann spurten.«

– Was die eine Sache tut, das tut auch die andere:

»Bricht ein Ring, so bricht die Kette.«

– A ist A:

»Geschenkt ist geschenkt.«

– Ohne A kein B:

»Ohne Moos nix los.«

– Je A, desto B:

»Je dümmer die Bauern, desto größer die Kartoffeln.«

– Lieber A als B:

»Lieber arm dran, als Arm ab.«

Mit diesen Regeln herumzuspielen führt oft zu kuriosen Ergebnissen, aber es macht Spaß und nicht selten kommen schöne Formulierungen heraus. Genau auf diese Weise sind ja schon viele Antisprichwörter, also Sprichwortparodien, entstanden, die inzwischen redensartlich geworden sind.

Antisprichwörter:

1. »Der Klügere zählt nach.«
2. »Durch Fehler wird man klug, darum ist einer nicht genug!«
3. »Ich bin nicht käuflich, aber man kann mich mieten.«
4. »Nur wer die Arbeit kennt, weiß, was ich meide!«
5. »Wer zuletzt lacht, lacht im Westen.«
6. »Lieber von Picasso gemalt, als vom Schicksal gezeichnet.«
7. »Wenn der Tod kommt, ist Sense.«
8. »Aberglaube bringt Unglück.«
9. »Auch Zwerge haben klein angefangen.« *Werner Herzog*
10. »Das Leben ist eine Krankheit, die durch Geschlechtsverkehr übertragen wird und tödlich endet.«

Noch ein Tipp zum Schluss: Vermeiden Sie die Vermischung von zu vielen Bildbereichen, sonst geht es Ihnen wie Angela Merkel. Über die EU-Ratspräsidentschaft sagte sie: Das »ist ein dickes Brett, für das wir eine road-map, also einen Fahrplan festlegen müssen.« Was nun? Brett? Straßenkarte? Fahrplan? Auch Diplomatie ist manchmal Glückssache.

Und damit hoffe ich mit Shakespeare: *Alles ist gut, das gut endet!*, und wünsche noch viel Freude in der wundersamen Welt der Worte.

Ein Buch ist wie ein Garten, den
man in der Tasche trägt.
Arabisches Sprichwort

REGISTER

A

Abendrot, Schlechtwetterbot 100

Abgefahren 38

Abhotten 95

Abwägen 71

Abwarten und Tee trinken 71

Affengeil 38

Affenstark 38

Affentittengeil 38

Airline 97

Alarm schlagen 130

Alchemie 141

Algebra 141

Alkohol 141

Alle Jubeljahre 68

Alles auf eine Karte setzen 72

Alles im grünen Bereich 90

Alles ist gut, das gut endet 147

Alles, was schiefgehen kann … 76 f.

Am Boden zerstört 32

An der Strippe hängen 92

An die Decke gehen 31

Android 86, 132

Angefressen 104

Anprangern 80

Antennen füreinander haben 87

Apokalypse 79

Arbeit macht frei 97

Argusaugen 73

Asche 64

Astrein 38

Ätzend 104

Auf achtzig/hundert/180 sein 88

Auf dem absoluten Nullpunkt sein 94

Auf dem Damm sein 13

Auf dem Feld der Ehre bleiben 131

Auf dem letzten Loch pfeifen 52

Auf dem Schlauch stehen 12

Auf den Hund kommen 112

Auf den Leim gehen 60

Auf der Leitung stehen 87

Auf des Messers Schneide 71

Auf Draht sein 87

Auf Erfolgskurs steuern 62

Auf Heller und Pfennig 67

Auf Holz klopfen 34

Auf Konfrontationskurs 16

Auf Touren bringen 87

Auferstanden aus Ruinen 121

Aufpassen wie ein Schießhund 52

Aufpass'n wie a Haftlmacher 160

Aufreibend 115

Aus allen Wolken fallen 15

Aus den Augen, aus dem Sinn 75

Aus der Rolle fallen 53 f.

Aus einem guten Stall kommen 106

Ausgeflippt 92

Ausschlafen statt Aussitzen 54

Avantgarde 130

B

Bahnhof verstehen 46
Bärenstark 38
Bauchgefühl 20
Bauklötze staunen 46
Beam me up, Scotty 57
Bei der Stange bleiben 71
Bei dir muss man das Maul ... 100
Bei jemandem ist eine Schraube locker 87
Berappen 64
Big brother is watching you 102
Bis aufs i-Tüpfelchen 48
Bis in die Puppen 39
Bis zur Vergasung 96
Blechen 64
Blender 44, 74
Blind 74
Blindfuchs 74
Blitzkrieg 142
Blut ist dicker als Wasser 105
Boa ej 38
Bockstark 38
Bombig 115
Böse Stiefmutter 112
Boykott 66
Bruder sucht den Duder 101
Bündig 38

C

C'est la vie 142
Chauvi 121
Chauvinismus 121
Cherchez la femme 18
Cool 38
CU 74

D

Da bleibt kein Auge trocken 101
Da geht einem der Hut hoch 42
Da haben wir den Salat 117
Da ist der Wurm drin 98
Da muss schon der Bäcker kommen ... 140
Da wird ja der Hund in der Pfanne verrückt 82
Dampf ablassen 88
Das Bild vor lauter Pixeln nicht sehen 85
Das bittere Ende 40 f.
Das Blaue vom Himmel herunterlügen 49
Das bockt 140
Das Eisen schmieden, solange ... 84
Das Feld räumen 115
Das Feuer auf sich ziehen 116
Das geht mir durch Mark und Bein 67
Das geht mir durch Mark und Pfennig 67
Das geht mir über die Hutschnur 42
Das Gras auf der anderen Seite ... 143
Das hängt mir zum Hals heraus 80
Das haut den stärksten Eskimo ... 140
Das ist der Beginn einer wunderbaren Freundschaft 142
Das ist ein dicker Hund 113
Das ist harter/starker Tobak 81 f.
Das ist mir auf den Magen geschlagen 20

Das ist wirklich link 73

Das kannst du löschen 85

Das kommt nicht in die Tüte 46

Das Leben ist eine Pralinenschachtel ... 142

Das müssten wir erst mal erden 90

Das passt wie der Arsch auf den Eimer 136

Das sieht aus wie gewienert 64

Das sind nur Peanuts 70

Das Zünglein an der Waage sein 71

Dasselbe in Grün 46

Dazwischenfunken 87

Dead as a dodo 143

Deadline 116 f.

Defensive 116

Den Ausschlag geben 71

Den Ball flach halten 144

Den Boden unter den Füßen verlieren 15

Den Gnadenstoß versetzen 116

Den großen Zampano spielen 143

Den Letzten beißen die Hunde 113

Den Löffel abgeben 42

Den Mantel der Liebe über etwas breiten 26

Den Rubikon überschreiten 72

Den Sack bekommen 69

Den Wald vor lauter Bäumen nicht sehen 85

Denkfabrik 127

Der Apfel fällt nicht weit vom Stamm 106, 143

Der deutsche Blick 139

Der Erfolg hat viele Väter ... 107

Der frühe Vogel fängt den Wurm 143

Der Groschen fällt 87

Der große Sprung nach vorn 125

Der Herr hat's geb'n ... 100

Der innere Schweinehund 113

Der Krieg ist der Vater aller Dinge 118

Der Kunde hat immer recht 143

Der Lange Marsch 125

Der lange Marsch durch die Institutionen 125

Der Planet drückt/prasselt 140

Der Rest ist Schweigen 50

Der rote Faden 39 f.

Der springende Punkt 48

Der Starke ist am mächtigsten allein 129

Der Ton macht die Musik 52

Der tote Punkt 49

Der Weisheit letzter Schluss 105

Der Wunsch ist Vater des Gedankens 107

Des is a Hund 112

Dichter gleichen Bären ... 55

Die Arschkarte ziehen 136

Die feurigen Tränen des Sankt Laurentius 95

Die Firma 139

Die gleiche Wellenlänge haben 87

Die hard 128

Die Hunde bellen, die Karawane zieht weiter 139

Die Mutter aller Schlachten 107, 115

Die Schallmauer durchbrechen 95

Die Speerspitze einer Bewegung sein 42

Die Tussi steht doch gut im Schuh 140

Die Würfel sind gefallen 72

Die Zunge lösen 58

Dolce far niente 142

Dolmetscher 138

Drahtzieher 54

Drum prüfe, wer sich ewig bindet 16

Du kannst dir nix von zwölfe bis Mittoch merken 100

Dufte 38

Dumm wie Brot 140

Dumm wie Konsumbrot 140

Durch dick und dünn 144

Durch die Blume 51

Durchblick haben 74

Durchdrehen 87

Durchhecheln 91 f.

E

Eckpunkt 49

Edel 140

Eigenbrötler 111

Eile mit Weile 144

Ein Auge auf jemanden werfen 74

Ein Auge für etwas haben 74

Ein Auge riskieren 74

Ein Brett vorm Kopf haben 75

Ein flaues Gefühl im Magen haben 20

Ein guter Freund ist mehr wert als ... 105

Ein hitziges Gefecht 116

Ein Mann, ein Wort 13, 144

Ein starkes Stück 82

Ein toter Mann sein 117

Ein Verfahren abschließen 105

Einander die Klinke in die Hand geben 42

Einander die Waage halten 71

Eine Frau ohne Mann ist wie ein Fisch ... 143

Eine große/kleine/untergeordnete Rolle spielen 53

Eine gute Nase haben 112

Eine Hand wäscht die andere 138

Eine harte Nuss zu knacken haben 48

Eine knisternde Spannung 87

Eine Kurzschlusshandlung begehen 87

Eine lange Leitung haben 12, 84, 87, 92

Eine offene Wunde sein 43

Eine Rochade vornehmen 134

Eine Sache auf den Punkt bringen 48

Einem geschenkten Gaul sieht man ... 89

Einen Bären aufbinden 56

Einen Bärendienst erweisen 114

Einen Blackout haben 87, 99

Einen Festplattencrash haben 12

Einen Film drehen 91

Einen Fö(h)n kriegen 46

Einen heißen Draht zu jemandem haben 87

Einen Knick in der Optik haben 74

Einen Kurzschluss haben 87

Einen Punkt machen 48
Einen Pyrrhussieg erringen 131
Einen Röntgenblick/Röntgenaugen haben 90
Einen Schmusekurs fahren 16
Einen Schuss haben 116
Einen Sprung in der Schüssel…98
Einen Türken bauen 59
Einen Zahn zulegen 86, 87
Einwandfrei 38
Ende im Gelände 12
Enfant terrible 107
Entschlafen sein 131
Er liebt mich, er liebt mich nicht 15
Ermatten 134
Eros 28
Erschossen 115
Es funkt 87
Es gibt keine hässliche Geliebten … 30
Es herrscht Funkstille 87
Es ist der Mund, der einem die Kehle … 58
Es ist die alte Leier 52
Es ist noch nicht aller Tage Abend 79
Es platzt jemandem der Kragen 42
Essig essen 104
Etwas am grünen Tisch entscheiden 46
Etwas auf dem Schirm haben 98
Etwas auf der Pfanne haben 119
Etwas aufs Tablett bringen 46
Etwas aufs Tapet bringen 46 f.
Etwas aus dem Bauch heraus entscheiden 20

Etwas außerhalb der Legalität 112
Etwas bemänteln 26
Etwas blicken 74
Etwas erkennen 74
Etwas herunterleiern 52
Etwas in der Hinterhand haben 97
Etwas in der Pipeline haben 97
Etwas in sich hineinfressen 80
Etwas ist im Busche 52
Etwas schlägt einem auf den Magen 80
Etwas steht einem bis zum Hals 80
Etwas türken 59
Etwas übers Knie brechen 43
Etwas unter den Teppich kehren 42
Etwas unter den Tisch fallen lassen 42
Etwas verdauen 80
Etwas wie seinen Augapfel hüten 74
Etwas wienern 64
Eulenspiegelei 82
Eunuch 138
Explodieren 116

F
Fakt ist 140
Falten gehen 139
Familienzweige 106
Far out 38
Fenster 141
Ferkelschubs 140
Fett 38
Filmriss 99
Flip 92
Flipper 92
Flippig 92

Floskel 51
Flugzeuge im Bauch 21
Four letter word 135
Frech wie Oskar 46
Freelancer 119
Freundschaft schließen 105
Freundschaftsbund/-band 105
Frontalangriff 116
Früh gefreit, ist nie gereut 16
Für jemanden/etwas eine Bresche
schlagen/in die Bresche springen
116

G
Gebongt 38
Gefallen sein 131
Gefühlstsunami 78
Geil 38
Geld stinkt nicht 64
Genehmigt 38
Gesichtspunkt 48
Gierig 38
Glückskind 107
Grabenkämpfe 115
Groovy 38
Ground Zero 123
Gummi geben 90

H
Haare auf den Zähnen haben 130
Hals- und Beinbruch 34
Hammerhart 38
Hammermäßig 38
Harem 138
Harry, fahr schon mal den Wagen
vor/hol schon mal den Wagen 57

Hasta la vista, baby 132
Heftig 38
Heiliger Bimbam 111
Heiliger Strohsack 111
Heiß 38
Heiße Musik 95
Helpline 97
Hemdenspreizer 17
Herr Schönfuß 17
Herumflippen 93
Heulen wie ein Schlosshund 113
Hier stehe ich. Ich kann nicht an-
ders ... 57
Hip 38
Hire and fire 69
Hochmut kommt vor dem Fall
144
Homo 25
Hot Dog 83
Hotline 97
Houston, wir haben ein Problem
142
Hummeln im Hintern 136
Hund 113
Hunde, die bellen, beißen nicht 138
Hundeelend 113
Hundeleben 113
Hundsmiserabel 113

I
Ich geb Gas, ich will Spaß 96
Ich kann gar nicht so viel fressen,
wie ich ... 78
Immer dieselbe Leier 52
In Angriff nehmen 115
In Arbeit ertrinken 79

In den eigenen Reihen 115
In die Luft gehen 31
In dubio pro reo 142
In Fahrt sein 87
In Hitze geraten 96
In Schuss halten 116
In Zugzwang bringen 134
Initialzündung 90
Inline-Skater 97
Ins Kreuzfeuer der Kritik geraten 115
Irre 38

J

Jauchzen 68
Jedem das seine 97
Jeder Topf findet seinen Deckel 16
Jemand ist dahingegangen 131
Jemandem Dampf machen 87
Jemandem den Marsch blasen 52
Jemandem den Star stechen 74
Jemandem die Flötentöne beibringen 52
Jemandem die Meinung geigen 52
Jemandem die Stange halten 131
Jemandem eine Kassette ins Ohr schieben 91
Jemandem etwas anhängen 80
Jemandem etwas auf einem silbernen Tablett servieren 47
Jemandem etwas nachsehen 74
Jemandem etwas weismachen 49
Jemandem fallen die Augen aus dem Kopf 74
Jemandem geht der Arsch auf Grundeis 136

Jemandem goldene Brücken bauen 144
Jemandem Honig ums Maul schmieren 42
Jemandem ist eine Laus über die Leber gelaufen 13
Jemandem ist eine Sicherung durchgebrannt 87
Jemandem kommt etwas spanisch vor 137
Jemandem raucht der Kopf 86
Jemandem um den Bart gehen 42
Jemanden adden 104
Jemanden anheizen 91
Jemanden anpaulen 46
Jemanden durchschauen 74
Jemanden erkennen 17
Jemanden feuern 69
Jemanden im Stich lassen 131
Jemanden in Schach halten 134
Jemanden in Zugzwang bringen 134
Jemanden ins Bockshorn jagen 46
Jemanden linken 73
Jemanden matt setzen 134
Jemanden zutexten 91
Jubelperser 46
Jubiläum 68
Jwd 39

K

Kadavergehorsam 110
Kamikaze 117
Kämpfe bis aufs Messer 116
Kanake 25

Kannst du mal 'ne andre Platte auflegen 91

Katastrophe 79

Kaum gibt es einen Gerichtsfall … 18

Kein Blatt vor den Mund nehmen 53

Keine Checkung 12

Keine müde Mark 67

Keine Rose ohne Dornen 138

Keinen Arsch in der Hose … 137

Kies 65

Kill your darling 143

Kindergarten 142

Klappe zu, Affe tot 46

Klappern gehört zum Handwerk 62

Klar sehen und nicht frieren 74

Klare Fronten schaffen 115

Klasse 38

Klausel 105

Knackpunkt 48

Knete 64

Knorke 38

Kohle 64

Koma 38

Kommt Zeit, kommt Rat 71

Komplex 102

Korrekt 38

Krass 38

Kreide gefressen haben 50

Kreuzzug 116

Krieg 118

Kriegen 118

Kröten 65

L

La dolce vita 142

Lakonisch 52

Lava 142

Leben und leben lassen 97

Lecker 38

Leiche im Keller 108

Leitwolf 62

Lesbische Liebe 28

Liebe fängt mit Ringen an und … 16

Liebe ist ein Ring … 16

Liebe machen 29

Liebe macht blind 30

Liebe und Ringe sind endlose Dinge 16

Love 29

Love is the name, fuck is the game 29

Lügen haben kurze Beine 50

Lügen, dass sich die Balken biegen 50

Lunte riechen 116

Luther, Goethe, Schiller … 101

M

Macho 121

Mafia 109 f.

Man ist Teil der Lösung oder des Problems 143

Man sieht sich immer zweimal im Leben 74

Man soll den Tag nicht vor dem Abend loben 100

Mann, o Mann 91

Manometer 91

Marx ist Murx 139
Maschinenmensch 87
Matt sein 134
Mäuse 64
Meine Festplatte ist gecrasht 85
Microsoftie 90
Milch macht müde Männer munter 144
Mir steht's bis hier 80
Mit dem linken Fuß aufgestanden sein 73
Mit den Schuhen in den Himmel kommen 101
Mit der Zeit gehen 96
Mit einem silbernen Löffel im Mund geboren worden sein 42
Mit einem Tropfen Zucker ... 104
Mit etwas liebäugeln 74
Mit jemandem Schlitten fahren 46
Mit Mann und Maus 144
Mit offenem Visier 116
Mit seinem Latein am Ende sein 85
Mit Volldampf 87
Miteinander durchbrennen 87
Mitgefangen, mitgehangen 42
Mitten im Strom soll man die Pferde ... 71
Moneten 65
Moos 64
Morgenstund hat Gold im Mund 143
Mücken 64
Münze 65
Murphys Gesetz 76 f.

N
Nach dem Rechten schauen 74
Nettiquette 90
Never change a winning team 71
Nicht von schlechten Eltern sein 106
Nix capito 12
No woman, no cry 18
Nobody is perfect 142
Noch mal langsam zum Abspeichern 85
Noch Pfeile im Köcher haben 42
Non testatum 60
Not testified 60
Null Peilung 12
Nullachtfünfzehn 119
Nur Bahnhof verstehen 12

O
Ödipuskomplex 103
Offensivstrategie 116
Offline 97
Ohne Moos nix los 64
Online 97
Opfer 129
Optimal 62
Otto Normalverbraucher 119

P
Paparazzo 142
Papiertiger 125
Paradiesgärtlein 17
Penunse 65
Perfekt 62
Pfennigabsatz 67

Pfennigfuchser 67
Phantastisch 38
Phat 38
Philosophie 62
Pi mal Daumen 43
Pipeline 97
Platonische Liebe 28
Play it again, Sam 57
Polnische Wirtschaft 137
Porno 38
Potemkinsche Dörfer 44
Prima 38
Proletarier 24
Proll 24 f.
Prolo 24
Psychologisch 62
Pulver 64
Pulverfass 116
Punkt für Punkt 48
Punkten 48

Q
Quantensprung 95
Quicklebendig 37

R
Radebrechen 36
Reden ist Silber, Schweigen ist Gold 50, 97, 144
Reich mir die Flosse 92
Riesig 140
Roboter 86
Rollentausch 53
Rot sehen 26
Rotlichtbestrahlung 139
Rubrik 85

Rubrizieren 85
Rückgrat 11

S
Sabotage 61
Sackelzement 111
Sahne 140
Sakrament 111
Salz in die Wunde streuen 43
Sand im Getriebe 92
Sapperment 111
Sattelfest 116
Saufen wie ein Deutscher 137
Saugut 38
Saustark 38
Scannen 85
Schach 134
Schach matt 134
Scharf 38
Scheckig 134
Scheuklappen 75
Schimmel 22 f.
Schiss haben 20, 136
Schlachtenbummler 116
Schlachtengetümmel 116
Schlachtfeld 115
Schleudersitz 94
Schmetterlinge im Bauch 20
Schneid haben 72
Schneller als der Schall 95
Schnellschuss 115
Schotter 65
Schwamm drüber 11
Schwarzes Schaf 108
Schwedische Gardinen 137
Schweigen wie ein Grab 50

Schwein 113
Schwein haben 13
Schwer an seiner Schuld tragen 80
Schwer angeschossen sein 116
Schwul 25
Sein Waterloo erleben 126
Seine Rolle ausgespielt haben 54
Seinen Horizont erweitern 75
Seinen sozialistischen Gang gehen 140
Shooting Stars 95
Sich auf etwas einschießen 115
Sich auf Französisch empfehlen 137
Sich dem Siedepunkt nähern 95
Sich durchbeißen 112
Sich eine Geschichte vom Pferd erzählen lassen 89
Sich eine Line gönnen 97
Sich eine weiße Pfote holen 50
Sich entrüsten 115
Sich etwas aus den Pfoten/Fingern saugen 55
Sich etwas rot anstreichen 85
Sich ganz erschossen fühlen 79
Sich in Luft auflösen 31
Sich jemanden schön saufen 30
Sich lieb Kind machen 29
Sich nichts durch die Lappen gehen lassen 52
Sich regen bringt Segen 13
Sich stiefmütterlich behandelt fühlen 111
Sich total tilt fühlen 92
Sich verzweigen 106

Sich wie gerädert fühlen 35
Simsen 84
Skyline 97
Spacig 38
Spaghettifresser 137
Spießer 119
Spitze 38
Stamm 106
Stammbaum 106
Stammbesetzung 106
Stammeltern 106
Stammhalter 106
Stammkneipe 106
Stammmannschaft 106
Stammtisch 106
Standpunkt 48
Stark 38
Steine 65
Stille Post 109
Stoph bleibt Stoph 140
Streamen 84
Strohwitwe/-witwer 111
Stur wie ein Panzer 127
Stürmen 116
Sündenbock 108
Super 38

T

Tabu 141
Tag der Bereifung 140
Tätowieren 141
Technologie 62
Teile und herrsche 28
Telegrammstil 91
Tempo, Tempo 96
Tempus fugit 142

Think-Tank 127
Tilt sein 93
Toi, toi, toi 34
Toll 38
Tomaten auf den Augen haben 74
Totaler Systemfehler 85
Tote Hose 124
Trau, schau, wem 144
Tritt fest auf! Machs Maul auf! ... 51
Trojaner 89
Trojanisches Pferd 89
Trommelfeuer 116
Tu mir die Liebe ... 29
Tunnelblick 75
Turbo- 38, 96

U
Über den Jordan 131
Über die Stränge schlagen 42
Über Leichen gehen 108
Über Stock und Stein 144
Überflüssig wie ein Kropf 100
Umdrehungen haben 90
Unbeleckt 56
Unter Hochdruck 87
Unter Strom stehen 86
Unverblümt 51
Updaten 84
Urst 140

V
Verbrechen lohnt nicht 143
Vergebliche Liebesmüh 16
Verheerend 116

Vernagelt sein 130
Verschieden sein 131
Vertrauen ist gut, Kontrolle ist besser 56
Vier Buchstaben 135
Visionen 62
Vögel, die morgens pfeifen ... 100
Vögeln 16
Vollfett 38
Vom anderen Ufer 25
Von denen könntest du ... 100
Von der Pike auf 130
Von jemandem abstammen 106
Vorfeld 115
Vorsicht ist die Mutter der Porzellankiste 107

W
Waffenstillstand 115
Wahnsinn 38
Walk the talk 50
Warme Brüder 25
Was du nicht willst, das man dir tu ... 138
Weib 25
Weiblich 25
Weibsbild 25
Weibsstück 25
Wein nur, dann musst weniger pieseln 101
Weltschmerz 142
Wenn das Glück vorbeikommt ... 144
Wenn das Volk kein Brot hat ... 56
Wenn du Frieden willst ... 118

Wenn es nicht wahr ist … 56

Wenn's dem Esel zu wohl wird …
12

Wer anderen eine Grube gräbt …
138

Wer die Wahl hat, hat die Qual 72

Wer einmal lügt … 50

Wer Visionen hat, sollte zum Arzt
gehen 62

Wie man sich bettet, so liegt man
111

Wie Sand am Meer 92

Wieder auf dem Damm sein 13

Wir sehen uns 74

Wir Würmer im Arsch der Welt
57

Z

Zankapfel 89

Zaster 65

Zauberhaft 38

Zeit ist Geld 51

Zeitungsente 60

Zermürbungstaktik 116

Zickenalarm 23 f.

Zum Kotzen 81

Zum Kuckuck 111

Zum Missverstehen braucht's nichts
… 12

Zungenfertigkeit 56

Zungenschlag 56

08/15 119

Über den Autor

Rolf-Bernhard Essig, geb. 1963, lebt als Publizist und Literaturwissenschaftler in Bamberg und lehrt an den Universitäten Bamberg, Samara und Togliatti (Russland). Er schreibt für die wichtigsten deutschen Zeitungen. 2007 erschienen die Bücher: »Schreiberlust und Dichterfrust. Kleine Gewohnheiten und große Geheimnisse der Schriftsteller«; zusammen mit Gudrun Schury: »Alles über Karl May. Ein Sammelsurium von A bis Z« (AtV 2313-9); zusammen mit Reinhard M. G. Nickisch: »Wer schweigt, wird schuldig. Offene Briefe von Martin Luther bis Ulrike Meinhof«.